21세기를 여는 7가지 키워드

오마에 겐이치 지음
임 승 혁 옮김

韓國經濟新聞社

역자의 말

　이 책은 오늘날 일본의 좌표와 더불어 미래에 대한 발전 방향, 그리고 그 가능성에 대한 이정표를 제시해준다.

　『일본은 있다.』『일본은 없다.』 우리 독서계에서는 일본에 대한 논쟁이 점차 뜨거워지고 있다. 그만큼 일본에 대한 관심이 많다는 증거로 보아야 한다. 이러한 현상은 우리나라 지식인들이 일본을 객관적으로 보기 위한 여러 시도 가운데 하나일 것이다. 그렇지만 밖에서 들여다보는 시각 하나만으로는 충분치 못하다. 우리는 또 하나의 시각을 염두에 두어야 한다. 바로 일본인 자신이

고백적으로 써 내려간 자신들의 이야기가 그것이다. 이 책에는 일본인 자신들의 과거, 현재, 미래관이 모두 들어 있다. 자신의 일은 누구보다도 자신이 가장 잘 알고 있다. 오마에 겐이치(大前硏一)는 마치 일기나 반성문을 쓰듯이 자신의 냉철한 눈으로 자신과 주변, 예컨대 주변국과의 관계까지 서술해 놓았다.

이것은 분명 흥미 있는 일이고, 일본을 이해하는 데 또 다른 측면과 전망을 가능하게 해준다.

『가까우면서도 먼 이웃.』 지금껏 일본과 우리나라는 서로를 그렇게 불러왔다. 그렇지만 21세기를 맞아 두 나라는 점차 가까워지고 있으며, 화합의 방향으로 다가가는 추세에 있다. 이런 상황에서 상대를 안다는 것은 더욱 중요하며, 일본을 제대로 보기 위한 시각이 더욱 중요한 국면에 도달하게 된다. 따라서 이 책은 많은 흥미를 자아낸다.

이 책은 일본 탐구라는 관점에서 보아야 한다. 이 책은 일본인이 쓴 자신들의 이야기와 전망이다. 그 가식 없는 이야기를 들어보는 것도 의미 있을 듯하다. 저자와 독자가 직접 만난다면, 대부분의 경우 언어장벽 때문에 이 책에 담겨 있는 양만큼의 대화를 나눈다는 것은 불가능에 가까울 것이다. 물론 시간이 허락하는가 하는 문제는 둘째로 치더라도 이렇게 진솔한 이야기를 들어보는 것 자체만으로도 분명 가치가 있어 보인다.

끝으로 오마에의 글을 소개하게 되어 무척 기쁘다. 그의 글은 어렵고 심도 있는 표현과 내용으로 특징지워진다. 박식한 멋쟁이인 셈이다.

정치가로서의 꿈을 불태우는 사람이기 때문에 이 책은 정보통신측면뿐만 아니라, 정치 그리고 국가의 나아갈 길에 관련된 내용이 많이 실려 있다.

그의 글이 전부 옳지는 않다. 다소 문제를 내포하는 부분 역시 있으므로, 이를 깊이 있게 생각해보아야 한다. 이 책을 통해 가까이 있는 이웃의 미래에 대한 조망을 함께 할 수만 있다면, 이 또한 역자에게 주어진 의무를 게을리하지 않은 결과라 자위하며 간단히 역자의 말을 대신한다. 끝으로 이 책의 번역에 도움을 준 엄혜숙 선생님께 감사드린다.

1997년 7월

임 승 혁

차 례

이 책에 등장하는 주요인물들의 약력 245

◆

시대를 변화시키는 키워드

시간을 여행하는 자유로운 정신

너의 육체는 과거와 미래의 분할선인 현재에서 항상 움직이고 있다. 그렇지만 너의 정신은 아주 자유롭다. 사고할 때 정신은 현재에 있다. 추억을 떠올릴 때 정신은 과거에 있다. 상상을 할 때 정신은 미래, 모든 가능한 미래 중에서 네가 선택한 미래에 있다. 너의 정신은 시간을 여행할 수 있다.

이 글은 M. A 휴기의 SF소설 《기계 쥐》라는 일종의 타임머신에 관한 내용 중 일부분이다. 서두에 이것을 인용한 이유는 「너」를 「인간」으로 바꾸어보면 혼란한 현대를 분명히 해주고 개혁하기 위한 중요한 접근방법을 알려주기 때문이다.

우리 인간들은 어제보다는 오늘, 오늘보다는 내일이 되면 좀더 나은 생활을 할 수 있을 거라고 믿으면서 살아가고 있다. 마찬가지로 정부가 시행하는 여러 가지 정책과 기업의 경영전략, 모든 사회경제활동은 좀더 좋은 미래를 구축하기 위해 나아가고 있는 것이다. 그러나 여기에는 결정적인 결함이 있다. 미래라는 것이 항상 불확실하다는 사실이다.

이는 현재를 절대화한다는 것을 전제로 한다. 그렇기 때문에 이제까지 몇 번 경험했듯이, 5개년 계획이나 10년 대계획을 세웠다고 해도 현재 일어나는 불규칙한 사태에 대해서는 임시변통적인 대응으로 임할 수밖에 없다는 이유로 이러한 계획은 수정에 수정을 거듭하게 된다.

여기에서 발상을 변화시켜보자. 즉「미래를 절대화」시키자. 그렇게 하면 현재의 불합리한 부분과 모호한 부분이 확실하게 보일 것이다. 미래에 있을 법한 모습에서 현재를 조정하는 것은 시간을 거슬러 올라가는 SF의 타임머신과 같다고 할 수 있다. 그런데 서두에 말했듯이 인간의 정신은 시간여행을 할 수 있다는 점을 생각해보면, 그것은 가능한 일이다. 즉「모든 가능한 미래 중에서 선택된 미래」를 구축하는 것이다.

사회학자인 가토 히데도시(加藤秀俊)는 《비교문화로의 시각》이란 책에서 이와 같은 점을 지적하고 있다. 가토 자신도 이러한 발상이 《기계 쥐》라는 소설에서 촉발된 것을 알고 그 우연성에 놀랐는데, 그 발상의 참신함은 바로 내가 앞에서 말한 것이다.

당장 눈앞의 문제를 해결하기 위한 행동은 맹목적인 현실주의이며 미래를 생각하는 자세와는 거리가 멀다. 그렇기 때문에 이러한 관점에서 아무리 5개년, 10년 계획을 세운다 해도 갈팡질팡할 따름이다. 여러 가지 계획이나 예측의 파국이란 계획이라는 이름 아래 맹목적인 현실주의가 아무런 예측도 없이 횡행(橫行)해 왔다는 것을 의미한다. 진정으로 미래를 생각하는 자세는 먼저 미래를 구축하고 거기에서 현재에 수정을 가하는 것이다. 만약 주택건축계획이 미래의 시점에서 현재를 상정하는 철학에 기반을 두었다면, 반영구적 구조인 2DK 아파트 등은 만들어지지 않았을 것이라고 생각한다. 만약 일본부흥계획이 미래의 관점에서 행해졌다면, 오늘날 도시의 혼잡은 발생하지 않았을 것이다.

늘 계획이라는 말을 앞세우면서도 실제로는 무계획과 임기응변이 주류를 이루는 것이 현실이다. 그리고 우리가 한 일이란 눈앞의 문제를 우스꽝스럽게도 장기적 미래의 문제로 슬쩍 바꾸어놓고 외면해왔을 따름이다. 전후 20년은 그와 같은 의미에서 실패의 역사였다고 할 것이다.

놀라운 사실은 가토의 이 책이 씌여진 1968년으로부터 거의 30년이 지난 오늘날까지도 일본은 의연하게 그 발상을 바꾸지 않고 있다는 것이다.

미래에 대한 상상력이 가능성을 넓혀준다

미래의 시점이라는 것은 이렇게 되었으면 좋다는 식의 유토피아적 모습이 아니다. 그것은 이른바 예견 능력, 즉 확실하게 찾아오리라는 과학적 상상의 세계다. 특히 냉전구조의 붕괴, 정보혁명, 고도 고령화 사회의 도래, 지구환경 위기 등 이제까지 인류가 경험한 적이 없는 사회구조 안에서 인간이 선택하는 미래다.

나는 지난 20년 간 모든 기회를 통해 미래에 대한 예측과 함께 일본의 정치·경제·경영에 대한 경고와 제언을 해왔다. 그러나 이 발상은 다분히 조감도(鳥瞰圖)적이었으며, 이것이 해외에서 생활해온 영향으로 밖에서 일본을 객관적으로 바라본 시각이 많았기 때문이라는 것을 부인하지 않는다.

「일본의 상식은 세계의 비상식」이라고 말한 사람은 다케무라 겐이치(竹村健一)다. 다케무라 외에도 수많은 일본인들이 해외에서 활약하고 있다. 오늘날 해외에서 활약하고 있는 일본인이 1, 200만 명에 이르는 것으로 보아, 일본인들 자신이 좋고 나쁘고를 떠나서 이미 스스로 특이한 문화와 시스템을 가지고 있음을 인식하기 시작한 것은 분명한 사실이다.

이것은 일본으로서는 좋은 현상이다. 상황을 인식하는 방법 가운데 하나로서 공간축(空間軸)으로부터 사물을 보는 것이 있다. 즉 밖에서 일본을 되돌아본다는 의미다. 외국에서 생활하면서 일본의 여러 가지 시스템, 예를 들면 교육문제, 의료문제, 가족문제, 인종문제, 차별문제, 여성문제, 그 밖의 여러 가지 문제를 들여다보는 것이다.

그러나 이 공간축에서 사물을 보는 것과 함께 또 하나 중요한 일은 시간축(時間軸)에서 사물을 생각한다는 것이다. 시간축에서 생각한다. 바로 「상상력」이다.

상상력은 역사를 배운다는 의미를 포함한다. 그것은

확실히 필요한 일이다. 이제까지 많은 사람들이 과거의 역사와 현대를 비교·검토하면서 많은 것을 배우고자 했다. 그렇지만 내가 강조하는 것은 「미래에 대한 상상력」이다.

미래는 가변적이다. 즉 뛰어난 지도자나 계발된 시민이 있다면 최소한 가까운 미래는 우리가 그리는 모습과 얼마든지 가까와질 수 있다. 그것이 인간 사회에 주어진 멋진 가능성이 아닌가 한다.

지금 세계가 대변혁기에 접어들었다는 것은 누구나 다 알고 있는 사실이다. 그러나 유감스럽게도 일본인의 미래에 대한 상상력은 아직 혼돈스러운 상태이고, 확실한 미래도(圖)도 마련되어 있지 않다. 예를 들어, 미국의 비즈니스 사회는 어떻게 변해갈까? 앞으로는 네트워크를 이용해 컴퓨터 한 대로 훌륭하게 일을 처리하는 한편, 개개인들은 풍요한 환경에서 여유 있는 생활을 즐기게 될 것이다. 그러나 일본인은 아직도 하나의 회사에 얽매여 그러한 비즈니스 구조를 이해하지 못한다.

그 좋은 예로 〈니혼게이자이 신문(日本經濟新聞)〉의 칼럼에 다음과 같은 조사결과가 나와 있다.

미국과 일본의 공학부 출신 대학 졸업생을 대상으로 장래 희망을 조사해본 결과, 미국에서는 「자신의 회사를 설립해서 발전시키겠다」가 가장 많은 반면에, 일본에서는 「기존의 기업이나 조직에서 출세하겠다」가 40%를 차지하며 1위를 차지했다.

일본의 지정학적·문화적 특이성은 여느 나라에 비해 확실히 고유한 면이 있다. 그러나 한편으로 세계의 정보 수신과 지식이라는 면에서는 세계 그 어느 나라에서도 예를 찾아보기 힘들 정도로 높은 수준을 자랑한다. 그럼에도 불구하고 정보의 발신이나 미래에 대한 확고한 신념과 의견, 또는 자신들의 힘으로 미래를 변화시켜간다는 의지와 같은 관점에서는 매우 소극적이다.

지금 현재 우리가 해야 할 일은 미래를 구축하고 그것을 현재로 피드백시키는 시스템을 만드는 데 관심과 정력을 쏟아붓는 일이라고 생각한다.

이 책은 텔레비전 프로그램 〈오마에 겐이치의 헤이세이(平成) 대담〉에서 여러 분야에서 일하고 있는 스물한 명과 토론한 내용을 기본으로 하고 있다. 「모든 가능한 미래 중에서 인간이 선택한 미래」를 구축하는 데 참고가 되리라고 자신한다. 왜냐하면 대담자가 각각「공간축」 뿐만 아니라「시간축」으로도 사물을 생각하고 있으며, 무엇보다도 세계 속에서의 일본인론을 강조하고 있기 때문이다.

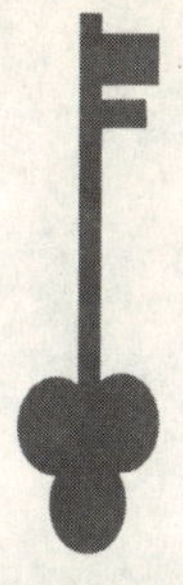

첫번째 키워드

◆

시간축으로 생각한다

서기 3000년에서 「현재」를 본다

미래로부터 현재로 피드백하는 시스템을 구축한다고 말했지만, 여기에 특정 방법이 정해져 있는 것은 아니다. 그러나 그 방법을 제시해주는 사례가 있다.

후쿠이(福井)현 이마다테(今立). 후쿠이현의 중앙에 위치하고 있으며 인구는 약 1만 5,000명이다. 면적은 45.43km²이고 그 가운데 70%가 산림으로 이루어져 있는 평범한 마을이다.

이 이마다테 마을이 지금까지 산토리(サントリー) 지역 문화상, 전국 이벤트 대상, 고향만들기 대상, 내각 총리대신상 등을 비롯해 수많은 상을 수상했다. 독특한

이벤트나 마을만들기 아이디어로 매스컴에도 몇 차례 소개된 바 있어 낯이 익을 것이다.

무엇보다도 이 마을을 유명하게 한 것은 특산품인 에치젠 와시(越前和紙 : 일본 종이)를 소재로 한 「이벤트 이마다테전」이다.

특히 세계 제일이라는 발상에서 세계에서 제일 큰 종이를 수작업으로 만들고 거기에다가 세계 각국의 화가로 하여금 그림을 그리게 한다든가, 에치젠 와시로 터널을 만들거나 에치젠 와시를 소재로 한 패션쇼를 개최하는 등 커다란 이벤트를 열어왔다. 1만 5,000명의 인구 중 8,000명이 1년 반에 걸쳐서 자원 봉사자로 참가했다고 한다. 결국 마을 사람들 모두가 마을을 살리는 이벤트에 참가한 셈이다. 그 후로도 여러 가지 이벤트나 마을만들기가 계속 이어지고 있다.

내가 이마다테 마을을 예로 들어 지방에 있는 전통기술이나 전통문화를 마을만들기나 마을을 살리는 데 이용하자고 말하려는 것은 아니다. 단순히 그것뿐이라면 전통문화의 계승·보존 운동으로서 일본 전역의 많은 마을이 「마을살리기」를 하고 있다고 말할 수 있다.

이마다테 마을의 이벤트나 마을만들기가 여느 곳과

다른 점은 장대한 마을의 비전, 미래도가 구축되어 있다는 것이다. 그 미래도는「31세기의 이마다테」, 즉 1000년 후의 이마다테다. 이「31세기」를 향한 마을만들기를 제창한 것은 1983년, 37세라는 전국 최연소 나이로 지방자치단체장에 당선된 와카이즈미 세이조(若泉征三)였다. 그는 네 차례나 임기를 맡아 현재 4기째 업무를 수행하고 있다.

31세기라는 것은 참으로 멀게만 느껴지는데, 아무런 생각없이 무턱대고 착안해낸 것은 결코 아니라고 한다.

『31세기라고 하면 21세기를 착각한 게 아닌가 하고 의아해하는데, 그건 아니다. 에치젠 와시라는 125년 전의 종이가 지금까지도 나라(奈良)의 쇼오쿠라엔(正倉院 : 나라 근처에 있는 절)에서 나고 있으며, 그 문화는 앞으로 1000년이 지나도 계속 이어질 것이다. 이마다테는 그 기술을 재산으로 갖고 있는 것이다. 또 한 가지, 마을 주민 모두에게 미래를 생각하게 한다는 의미에서「31세기」라는 말은 중요한 역할을 담당하리라고 생각한다.』

31세기를 목표로 1000년 후의 미래를 생각해서 현재의 행정을 꾸려나가는 곳은 전세계에서 이마다테 마을밖에 없을 것이다.

현재 이마다테의 주요 산업은 직물생산인데, 선물포장에 사용하는 리본, 벨벳, 순백색 비단은 일본에서 제일이다. 그 밖에 칠기와 안경테 등도 유명하다. 직물 생산액은 200억 엔인 데 비해, 와시는 100억 엔으로 절반 수준이다.

그러나 장래의 산업구조, 이마다테의 산업기반이라는 관점에서 생각한다면 어떨까? 적어도 와시 이외의 산업이 1000년 후에도 존재하리라는 보장은 없다. 그렇지만 와시는 그것이 가능한 산업이다. 그렇기 때문에 와시 산업을 존속시키고 개발시키기 위해 국제적인 경제협력을 해나가자는 발상으로 이어지는 것이다.

『옛날에는 원료인 닥나무, 삼지닥나무를 직접 키웠지만, 지금은 인건비가 비싸서 필리핀에서 들여오고 있는 형편이다. 일본에서 묘목을 가지고 간 후 재배방법을 가르치고 있으니, 결국 종이를 통해 문화교류를 하고 있는 셈이다.』

이 이마다테 마을은 곧잘 삼할 자치(三割自治)라고도 불린다. 그 이유는 국가의 보조금에 의지하는 자치단체 중에서, 이마다테는 역으로 교부세나 보조금 이상으로

많은 세금을 국가에 내는 완전 자급자치단체이기 때문에
그러한 명칭이 붙은 것이다.

「공동작업」의 정신

와카이즈미가 꿈꾼, 이마다테 자치단체의 바람직한 모습은 자급자족할 수 있는 소국가였다. 국가인 이상 산업만이 아니라 에너지, 생활환경, 직장환경, 자연환경, 문화 등 여러 분야를 생각하지 않으면 안 된다. 이른바 미래의 국가상이다. 미래에 대한 구상(미래상)이 있으므로 지금 해야 할 일이 명확히 나타난다. 단, 미래의 국가상이라 해도 그것을 구축하는 데는 기본적인 사고방식이 필요하다.

여기에서 등장하는 것이, 농경민족으로서 일본이 간직해온 「공동작업(두레)」 정신이다.

『옛날에는 모내기나 추수 때에는 그 지역 사람들이 서로 협력하고 도와주었다. 곤란한 사람이 있으면 모두 함께 도와주었다. 노동력이라는 육체적인 면뿐만 아니라, 정신적으로도 상호부조가 행해져 왔다. 그것을 「공동작업」이라고 불렀다. 지금 자원봉사라는 말이 유행하고 있는데, 사람들은 이를 외국에서 유래된 것으로 알고 있다. 그러나 일본에는 옛날부터 「공동작업」이라는 상부상조의 정신이 있어서 주민들이 직접 참가해 모임을 만들고 예산을 짜고 일을 추진했던 것이다.』

이 모임에서 생겨난 것이 「이마다테 공동촌 기본구상」이다. 시간축을 거슬러 올라가 「공동작업」의 정신과 「31세기」라는 먼 미래를 중심축으로 삼아 이마다테라는 소국가의 장래를 만들어낸 것이다.

이 기본구상에는 자연과 환경을 보존하고 1000년 후에도 이러한 산업을 계승해간다는 기본방침을 비롯해, 그것을 위해 해야 할 일이 제시되어 있다. 이 기본구상을 토대로 여러 가지 기획과 계획안이 실행되고 있는 것이다.

예를 들면 풍력·태양열을 이용한 발전소 등을 들 수 있다. 그리고 하수처리문제에서는 건설성(建設省 : 우리

나라의 건설교통부)이 추진하고 있는 하수도 사업을 그만두고, 후생성(厚生省 : 우리나라의 보건복지부)이 추진하고 있는 합병정화조방식을 채용했다. 더욱이 하수 최종처리용 박테리아를 연구해 「이마다테 박테리아」를 개발했으며, 이 「이마다테 박테리아」를 이용한 정수과정을 거친 물을 식수로 마실 수 있도록 하겠다는 목표 아래 박테리아 연구에 박차를 가하고 있다.

『가능하다면 국제환경연구소를 만들어 세계의 학자들이 체류하면서 연구하고, 그 성과를 얻을 수 있도록 하는 것이 목표다.』

산업 면에서는 앞으로의 국제경쟁력을 확보하기 위해 기술개발에 몰두하고 있으며, 젊은 노동력이 유출되지 않도록 공장에서도 넥타이를 매고 일할 수 있는 현대적인 작업환경 마련에 애쓰고 있다.

문화 면에서는 「공동작업 기숙사」를 지어 창조적 작품활동에 몰두하는 예술가를 육성한다는 원대한 계획을 추진하고 있다.

미래상을 구축하는 리더십

와카이즈미가 수행하고 있는 것이 바로 정치가의 역할이 아닐까 생각해본다. 와카이즈미와 비교해본다면 다른 국회의원이나 수상의 리더십은 매우 한심스러울 정도다.

어쨌든 와카이즈미가 하루 아침에 이러한 일을 해낸 건 아니다.

『여기까지 오는 데 6, 7년 걸렸다』는 그의 말에서 아마도 대단한 노력이 필요했음을 짐작할 수 있다. 미래의 모습, 미래상을 구축하는 데는 상상력이 필요하다. 이 상상력이란「모든 실현가능한 미래 중에서 최선의 것을 선택하는 노력」이다. 이 미래상으로부터 현재를 바라본다면, 이상향의 미래에 접근하기 위한 전략이나 전술도 쉽게 보일 것이다.

예를 들면 내외 가격차가 없는 미래의 사회를 상상해 보자. 그 모습을 절대화하면 현재의 시스템을 어떻게 변환시켜야 할지 알 수 있다.

그러나 정부나 관료가 하고 있는 일은 절대화한 현상을 그 기조로 삼고 있다. 따라서 기존의 기득권이나 이해조정만을 염두에 둔 나머지, 정책은 제 빛을 잃고 임시변통의 차원으로 전락해버린다. 그 결과 미래의 모습은 전혀 실현하지 못한다.

내가 제시한 「생활자 주권의 사회」라는 것도 이른바 미래상으로서, 장래에 반드시 있을 법한 모습을 말하는 것이다. 그렇기 때문에 현재 기능하는 여러 가지 시스템의 단점이 보이는 것이다.

이러한 미래상 구축과 그 미래상을 실현하기 위한 여러 가지 정책 실행에는 리더십이 필요하다.

와카이즈미가 말했듯이, 첫째 먼저 자신이 선두에 서야 한다. 둘째, 구축한 미래상이 실현 불가능한 것이 아니라는 점을 모두에게 확신시켜야 한다. 아울러 모두가

함께 행동을 할 수 있도록 시민을 설득하는 일도 필요하
다. 나도 와카이즈미를 만나 그에게서 여러 가지를 배울
참이다.

시간축과 생활축

31세기의 미래에서 현재의 모습을 자세히 살펴보려 할 때, 과연 그 때까지 와시 제조기술이 계승될 수 있을지, 70%나 되는 산림자연이 과연 남아 있을지, 1만 5,000명이나 되는 사람들이 생활을 영위할 수 있을지 등등의 의구심과 맞닥뜨리게 된다.

이것을 시간축으로 생각하면 실로 2000년이 넘는다. 여기에서 중요한 것은 그 좌표의 세로축이다. 이마다테 마을의 예에서 우리가 배울 수 있는 것은 그 세로축이 경제성장률과 같은 단순한 경제축이 아니라, 인간이 주어진 환경 안에서 계속 삶을 영위한다는, 말하자면 「생활축」이라는 점이다.

생활축이란 생활기반으로서의 경제도 포함되는데, 그것뿐만이 아니다. 자연환경, 생활환경, 문화, 예술, 지역사회, 놀이, 여가생활 등 모든 인간이 영위하는 삶이 포함되어 있다.

그리고 미래를 기점으로 생각하는 상상력이란 과거에서부터 지금까지 모아온 재산을 어떻게 유지시킬 것인가 하는 지혜 바로 그것이다.

계승되는 인간의 지혜

　이콜로지(ecology)는 원래 「생태학」이라는 의미로서 생물학 용어였는데, 최근에는 하나의 사상 또는 환경 문제로서 쓰이는 경우가 많다. 이 생태학의 개념을 사상 영역으로 전개한 선구자로서 문화 인류학자인 그레고리 베이슨이 유명하지만, 사실 그의 주장도 일본에서는 옛날부터 생활의 지혜로서 누구나 알고 있던 내용이다.

　야기 히로시(柳生博)는 『요즘 일본인은 자연에 대한 교양이 없다』고 한탄했다. 야기는 몇 년 전에 《야쯔가타케 클럽》이라는 책을 냈는데, 거기에는 인간이 자연과 함께 살아가는 지혜가 많이 들어 있다.

그 지혜는 야기 집안에서 선조 대대로 전해지고 있는 것으로, 그가 할아버지로부터, 그리고 아버지로부터 가르침을 받은 것이라고 한다.

배우로서 인기가 오르고 일이 바빠지기 시작하기 20년쯤 전에 야기는 가족과 함께 도쿄(東京)를 떠나 야쯔가타케(八ヶ岳)의 남쪽 오이즈미(大泉)에서 살기로 결심했다.

지금은 별장지로 유명한 곳이지만, 당시에는 아무것도 없어 버려진 나무를 이용해 집을 만드는 일부터 시작해서 조금씩 자연과 인간이 어떻게 해야 조화를 이루면서 살아갈 수 있을지를 생각할 수 있었던 창조의 시기였다고 한다.

『야기 집안에서는 13세가 되면 혼자서 여행을 하도록 하는 관습이 있다. 나도 중학교 2학년 여름방학 때 1개월 간 여행을 갔는데, 그 때 찾아간 곳이 야쯔가타케였다. 그 이후에도 몇 번인가 들렀는데, 그 일을 계기로 그 곳으로 이주하기로 마음먹은 것이다.

처음에는 텐트를 이용해 집을 짓기 시작했다. 조부님께서 늘 자연 속에 거처할 구조물을 지을 경우에는 「자연에 실례가 되지 않게 지으라」고 말씀하셨다. 거기에는 나무나 식물뿐만 아니라, 동물도 살아가고 있었기 때문에 그러한 생물에 실례를 범하지 말라고 하셨던 것이다.』

사실 야기의 산장은 매우 검소하다. 그리고 그 후 야기 가족은 이상적이라고 말할 수 있을 만큼 자연의 숲을 창조해간다. 아이들은 부친의 모습을 보고 자연에 대한 인간의 바람직한 태도를 배운다. 야기 가족은 확실하게 그것을 계승하고 있다.

그의 저서 가운데에는 《친구에게, 그리고 아직 만나지 못한 손자들에게》란 제목의 책이 있다. 무릇 인간이 자연과 조화를 이루면서 살아가는 지혜는 이렇게 부모에게서 자식으로, 자식에게서 손자로 계승되는 것이다. 야기가 말하는 「교양」은 이른바 생활의 지혜다. 그것을 잃어버렸다고 한탄하는 것이다.

왜 그러한 교양을 잃어버렸는가? 야기는 『일본인이 경제라는 좌표축만을 중심으로 살아간 탓이다』라고 단정짓고 있다.

앞에서 내가 말한 대로 선조 대대로 계승되어온 시간축으로서의 가로축에 대해 본래 인간생활에 빠져서는 안 되는 환경축이라는 세로축을 망각하고 경제축만을 생각했기 때문인 것이다.

우리는 삼림을 목재 원료로만 생각한 나머지 벌채를 계속하고 있다. 농림성(農林省 : 우리나라의 농림수산부), 임야청(林野庁 : 우리나라의 산림청)은 식목을 한다고 하지만, 환경 적응력이 강하고 빨리 육성되는 삼목만을 심어왔다. 물론 이러한 정책은 목재자원으로서의 경제효율성만을 염두에 둔 결과일 뿐, 환경보호와는 무관하다.

따라서 국내의 목재가 국제 경쟁력을 잃어버리면 아무렇지도 않게 해외의 삼림을 벌채하게 될 것이고, 그렇게 되면 국제적인 비판을 받게 되리라는 것은 불을 보듯 뻔한 이치다.

『예를 들면 옛날에는 삼목을 산간의 넓고 얕은 골짜기에 심지 않고 산중턱에 심었다. 산등성이에도 심지 않았다. 대신 이러한 곳에는 여러 가지 나무를 심었다. 옛날에는 그러한 교양과 지혜가 있었다.』

야기의 노여움은 학자나 학문, 그 자체에까지 이르고 있다.

『임학(林學)이라는 학문이 있는데, 이것은 임업을 위한 학문이다. 그러므로 경제적으로 쓸모 없는 잡목림 등은 점점 벌채하고, 그 대신 삼목이나 노송나무로 바꾸어 버린다. 쓸모가 있는지 없는지, 결국은 돈이 되는지 되지 않는지밖에 생각하지 않는다. 그 학자의 의견을 근거로 해서 행정이 움직이고, 업자는 점점 환경을 파괴한다. 일본의 환경파괴는 모두 이러한 학계(學界)·관계(官界)·재계(財界)의 삼각관계로 인해 파괴되어왔다.』

『도쿄와 같은 대도시가 해마다 열섬(heat island)화되어 간다고 한다. 이에 대해 학자들은 하이테크 신기술을 사용하면, 예를 들어 5년 안에 40℃가 되는 기온을 8년, 10년 후에는 예전의 온도로 되돌릴 수 있게 된다고 주장한다. 그렇지만 해결된 것은 전혀 없다. 그러므로 나는 찌는 듯한 불볕 더위 때는 서늘한 곳을 찾아가면 되고, 일이 좋아 도쿄에 남고 싶은 사람은 도쿄에 남으면 된다고 생각한다.』

바로 경제축이 시간축을 단절시키기 때문에 인간이 지혜의 연속성을 잃는 것이다.

야기는 현재 인공림(人工林)의 산을 조금씩 사서 그야말로 쓸모 없는 나무를 자르고 잡목림을 심는 중이라고 한다. 잡목림이야말로 인간과 자연 사이에 위치하는 중요한 환경이라고 한다. 그런 의미에서 야기가 하고 있는 일이야말로 진정한 학문이며, 「자연과의 공생」을 실천하는 일일 것이다.

시간축을 생각한다는 것은 지혜의 연속성을 어떻게 유지시킬 것인가의 문제이기도 하다.

아시아의 시대

일찍이 중국에서 문화대혁명의 바람이 휘몰아쳤을 때, 일본의 주요 신문들을 비롯해서 이른바 진보적 문화인이라고 불리는 사람들은 이 혁명을 높이 평가했다. 그런 중국 비판이 금기시되었던 분위기 속에서도 감히 이것을 비판하던 사람이 있었다. 지금은 도쿄 외국어대학(東京外國語大學)의 학장인 나카지마 미네오(中嶋嶺雄) 교수가 바로 그다. 나카지마 교수의 지적대로 문화대혁명의 실태가 매우 지독했다는 것은 지금 역사가 증명하고 있다.

내가 나카지마 교수와 처음 만난 것은 내가 진행을 맡

은 텔레비전 프로그램에서였다. 그러나 그 이전에 말레이시아의 마하티르 총리와 대만의 리 덩후이(李登輝) 총통, 그 밖의 아시아를 이끌어가는 지도자들과 처음 만났을 때 그의 저서와 함께 명성을 듣게 되었다. 특히 리 총통 등은 나카지마 교수의 저서는 물론 논문까지 읽었다면서 내게 복사까지 해달라고 부탁할 정도였다. 그 탓이었는지 나카지마 교수를 처음 만났을 때는 오래 전부터 알고 지내던 사람 같은 착각이 들 정도였다.

그 나카지마 교수가 안타까워하는 것은, 아시아-태평양 지역에서 대만의 리 총통이 국제적 지도력을 발휘할 수 있는 장(場)이 제한되어 있다는 점이다. 나 역시 동감한다. 나는 아시아의 거의 모든 지도자들과 친분이 있는데, 그 중에서도 리 총통은 인격적으로나 정치적으로나 매우 뛰어난 능력과 지도력을 갖춘 인물이라고 생각한다. 나카지마 교수도 내 의견에 동의하고 있었다.

『일전에 리 총통을 만났을 때, 말레이시아의 마하티르 총리가 무라야마(村山) 총리에게 말한 것과 같은 말을 했다. 일본 총리는 아시아의 정상과 만날 때마다 50년 전의 전쟁에 대해 사과를 거듭하는데, 그러한 것은 미래를 위해 아무런 도움이 되지 않는다고 말했다. 일본 정치가의 모습에 안타까움을 느낀다는 것을 잘 알 수 있었다.』

나카지마 교수의 말처럼 발전하고 있는 동남 아시아나 대만의 관심은 미래에 있다.

일본에게 기대하고 있는 것은 과거의 전쟁에 대한 사죄가 아니라, 좀더 발전하기 위한 지도력인 것이다. 그것을 일본의 정치가들은 모른다. 그렇기 때문에 전후 50년이나 지난 지금도 여전히 전쟁 인식에 대해 실언을 반복하고 있으며, 중국이나 한국 정부로부터 비난 받으면 최후의 외교 카드로 사용하고 있는 형편이다. 그리고 또다시 사죄 외교. 참으로 어처구니없는 일이다.

『예를 들어 APEC을 살펴보자. 당연히 일본이 아시아 외교를 짊어지고 있다면 오사카(大阪)에서 개최된 APEC 회의에 중국의 장 쩌민(江澤民)이나 대만의 리 덩후이도 초대해 여러 가지 논의를 했으면 좋았을 것이다. 그리고 서로에 대한 대립은 각자 본국에 되돌아간 후에 한다. 일본은 거기까지 외교적 주도권을 발휘할 수 있고 처음으로 아시아의 리더가 되는 것이다.』

사실 APEC은 처음에 모든 아시아-태평양 국가의 대표들이 자유로이 이야기를 나누는 장으로서 마련된 것이었다. 그것을 이른바 정상회의로 만든 장본인은 미국의 클린턴 대통령이었고, 그 때문에 중국은 「하나의 중국론」으로 버티게 되었다. 따라서 오사카에서 열릴 때에는 의장국인 일본이 중국을 설득하고 참가국(지역)에 지원을 요청하는 등, 여러 가지 경로를 통해 외교적 노력을 기울이는 것이 바람직했다고 생각한다. 그렇지만 일본의 정부와 외무성(外務省 : 우리나라의 외무부)은 회의를 무사하게 끝마치는 데에만 급급해서 일본의 장래를 위한 외교정책은 전혀 펼치지 못했던 것이다. 오히려 일본의 수뇌보다도 아시아의 다른 나라의 수뇌들이 미래를 내다보는 외교를 전개하고 있다.

내가 리 총통을 존경하는 이유는 아시아의 장래에 없어서는 안 되는 인물 중 한 사람이라고 생각하기 때문이다. 이 사람의 지도력이나 지혜를 활용해야 한다.

현재를 「아시아의 시대」라고 부르며, 각 나라가 발전을 거듭하고 있지만 아직도 불확실한 요소는 많다. 예를 들면 덩 샤오핑(鄧小平) 사후 중국이 어떻게 될지, 1997년 홍콩 반환 이후에는 어떻게 될지, 또 대만이 그때 어떻게 대응할지…. 절박한 문제에 대해 일본의 외무성은 어떠한 대응책이나 외교정책도 준비하고 있지 않다. 사실은 아시아의 시대라는 의미조차 정확하게 파악하고 있는지 의심스럽다. 그것은 정치나 행정기관뿐만이 아니다. 민간기업에서도 정확한 인식이 결여된 게 아닌가 우려된다.

아시아의 시대로 불리는 요소 중에서 크게 변화된 것은 아시아에 대한 세계관이다. 이제까지 아시아는 서구 및 미국, 일본의 번영수단으로서 원자재 공급기지이면서 동시에 값싼 노동력의 공급처였다. 그러나 지금은 아시아 자신이 거대한 시장으로 변모했다. 스스로 물건을 만들고 소비하고 역내무역(域內貿易)을 하게 되었다. 이것은 확실히 중요한 변화다. 그리고 이러한 변화가 아시아 모든 국가의 국민들의 자아를 자각시켜 자신들의 미래에 대한 관심을 높이는 결과를 가져왔다.

이러한 변화에 대해 일본은 어떻게 대처해야 할지, 어떠한 협력을 통해 발전을 공유할 것인지…. 이러한 질문에 대한 답도 준비되어 있지 않다고 생각한다. 결국 일본만이 외톨이 신세가 되지나 않을지 염려된다.

중국과 리 덩후이

나는 이전에 쓴 책에서 앞으로 중국은 여섯 개 정도의 지역 국가로 분할된 연방국가가 될 것이라고 말했는데, 나카지마 교수도 그 점에서는 같은 의견을 보였다.

『중국이 시장경제원리를 도입한 이후부터 그 움직임은 시작되었다고 생각한다. 다만, 문제는 중국 정부가 그러한 변화에 대응해 어떻게 조정해나갈 것인가 하는 점이다.』

나카지마 교수는 중국 문제의 전문가로서 중국의 현 상황이나 장래에 대해 결코 낙관하고 있지 않다.

『중국 경제는 확실히 급성장했지만 그 반동으로 일종

의 배금주의가 횡행하고, 그에 따라서 범죄나 독직(瀆職)도 급증하고 있다. 중국의 현 상황은 한 마디로「압력솥」과 같다고 할 수 있다. 그러므로 덩 샤오핑 이후의 시대가 되면 단숨에 여러 가지 요구가 분출할 것이다.

그렇게 되면 역시 중국의 장래에는 커다란 변동이 일어나지 않을까? 다만 그 변동이라는 것이 단순히 정치적 또는 군사적으로 무너져내린다는 의미가 아니라, 현재 중국의 실정이 재편되지 않을 수 없다는 의미다. 그것을 베이징(北京) 정부가 끝까지 일원적으로 제어하려고 한다면 역으로 더 큰 혼란이 일어날 가능성이 크다. 따라서 지역경제 등을 중심으로 각각의 지역이 경쟁할 때, 중국은 처음으로 다원적 발전을 모색하리라고 생각한다.』

그런 의미에서 나는 대만이나 홍콩의 존재가 지금의 중국에게 커다란 영향을 미치고 있다고 생각한다. 특히 나는 홍콩의 반환에 대해서 낙관적이지 않다. 그것은 단순히 홍콩이 중국의 일부가 된다는 막연한 불안이 아니라, 홍콩의 번영을 지탱해주고 있는 국제금융 센터로서의 기능을 중국이 유지해갈 수 있을지에 대한 걱정때문이다. 즉 영국과의「공통합의사항(joint agreement)」에서는 달러로 통용되는 홍콩통화(홍콩달러)를 계속 발행하기로 되어 있지만, 경제적으로 곤궁에 처해 있는 중국이 그것을 자유로이 내버려둘지 의문이다. 중국의 원(元)화에 맞추어 발행을 조정하지는 않을까? 그렇게 되면 지금과 같은 홍콩의 번영은 태반이 무너져버릴 것이다.

이러한 나의 우려에 대해 나카지마 교수는 통화·금융 부문에서 중국은 풋내기에 지나지 않아, 그 관점에서 보면 중국이 과연 국가로서의 자격이 있는지 의심스럽다는 견해를 피력했다.

『스포츠에서 금메달을 딴다든가 천안문(天安門) 사건에서 민주화운동을 막을 때는 엄청난 국가적인 힘을 발휘한다. 그렇지만 세금징수 방법이나 세금 체납에 따르는 추징금 부과 제도 등의 측면에서 살펴본다면 중국이라는 나라의 국가상은 뿌옇게 흐려진다.』

한쪽에서는 시장경제를 점점 추진해가는 반면, 국가 운영에 필요한 세제 시스템은 확립되어 있지 않다. 이대로 괜찮을까 걱정이 된다.

중국에서는 1994년에 세제가 개정되어 세금을 나누는 분세제(分稅制)가 생겼는데, 이것은 소득의 60%에 달하는 돈을 정부가 거둬들이는 제도로서 도저히 그 실시 가능성을 예측할 수 없다. 더구나 공산주의체제에서는 세금이라는 개념이 없기 때문에 납세의식이 희박하다. 따라서 누구도 내려고 하지 않는다. 세금 하나만 봐도 이 정도이니 중국의 장래는 여러 가지 면에서 차분히 관찰하지 않으면 착각할 수 있다.

『따라서 중국의 장래에 대해서는 내정 간섭이라는 차원이 아니라, 밖으로부터의 좋은 아이디어를 세심하게 듣는 자세가 매우 중요하다.』

그 중요한 요인이 되는 것이 대만의 리 덩후이 총통이라고 나카지마 교수는 말한다.

나는 아시아 모든 국가의 지도자들이 일본의 정치가보다 한발 앞서 나아가고 있다고 썼는데, 사실 대만 등은 정치 프로그램을 착착 진행시켜가고 있다.

먼저 리 총통 취임 이래 획기적인 정치개혁 단행으로 민주화가 진행되어 지금은 한 사람의 정치범도 없고 언론의 자유도 보장되어 있다. 또한 대만의 국내체제 면에서도 상당 부분 확실히 정비되었다. 그리고 리 총통 자신도 중국에 대해 어떠한 식으로 행동하겠다는 확실한 기준을 갖고 있다. 현재 야당인 민진당(民進黨)은 대만

독립을 목표로 하고 있는데, 이것도 염두에 두면서 조금씩 시간축을 옮겨 지도력을 발휘하고 있다. 일찍이 군사 정복자였던 국민당(國民黨)의 일당 독재에서 민주화를 진행시켜가면서 1996년 3월에는 드디어 총통까지 직접 선거로 선출하는 발전을 이루었다.

이제는 세계의 모든 나라가 대만을 무시할 수 없게 되었다. 대만은 시간축을 매우 훌륭히 활용하고 있는 것이다. 그렇기 때문에 리 총통의 의견이나 지혜를 듣고 서로 이야기하는 장이 중국의 장래를 생각하는 데에도 필요한 것이다.

『그러한 것을 서로 솔직하게 이야기하는 장이 APEC이다. 중일(中日)우호라는 것은 중국과 일본 두 나라 간의 원칙이다. 또「하나의 중국」은 중국의 내정원칙이다. 그러나 그 원칙이라는 이유만으로 장래의 아시아 또는 세계에 대한 토론의 장을 닫아버리려는 것은 문제가 있다.』

이것이야말로 외교의 본질이다. 그렇지만 일본에는 이렇듯 시간축을 고려한 정책을 찾아볼 수 없다.

전후 50년이 흐른 지금까지 되풀이되고 있는 각료의 실언문제 등을 봐도 이미 예전에 해결했어야 하는 문제를 그대로 방치해온 일본의 정치에 혐오를 느낀다. 그것은 단지 무사안일주의이며, 우선은 불편한 자리를 모면하고 보자는 임시방편일 뿐이다.

나는 이제까지 많은 기회를 통해 발언하고 비판해왔지만, 일본의 정치가들에게는 소 귀에 경 읽기가 아니었나 싶다.

경영도 시간축을 따라서

　시간축적 발상이라는 관점에서 일본 기업을 살펴보면 두 사람의 기업 경영자가 떠오른다. 야오한 그룹의 대표 와다 가즈오(和田一夫)와 미사와홈의 사장 미사와 지요지(三澤千代治)다. 두 사람은 업종이 전혀 다르지만, 그 경력을 살펴보면 뭔가 닮은 데가 있어 재미있다.

　와다도 미사와도 대학을 졸업하고 가업을 이었다. 가업도 와다는 야채가게, 미사와는 미사와 목재라는 목재가게로서 둘 다 영세기업에 속하는 규모였다. 그런데 가업을 이은 두 사람은 각각 업종을 전환해 사업을 확장해 간 것이다. 그리고 그 사업을 키워 대기업으로 이끈 것도 공통점이다.

한 쪽은 유통업, 다른 한 쪽은 주택건설업이라는 시장의 차이로 그 후의 사업전개는 전혀 다른 발전과정을 거쳤지만, 경영자로서의 발상의 기발함에서도 공통점을 찾을 수 있으니 흥미롭다.

와다는 야오한을 야채가게에서 백화점으로 업종을 전환해 체인점을 전개했는데, 슈퍼로서는 한 발 늦게 출발했다. 와다는 몇 개의 체인망 구축을 계획했다 해도 후발주자인 야오한이 일본 시장에서 일정 점유율을 확보하기가 쉽지 않을 것으로 판단했다. 결국 그는 시장을 해외로 돌리게 됐다. 그 경영 판단에는 소니(SONY)의 경영을 참조했다고 한다.

소니도 전자업체로서는 후발기업이었다. 해외 진출을 적극적으로 추진해 해외에서의 지명도를 높여 그것을 바탕으로 일본 시장에 역진출한다는 전략을 세웠던 것이다. 야오한이 소니의 전략을 모방한 것이다.

1990년 야오한 그룹은 본부를 홍콩으로 옮겼다. 그때는 천안문 사건의 직후였기 때문에 누구나 무모하다고 놀랐었는데, 와다에게는 확실하다는 직감이 있었다고 한다.

『사업상 절호의 기회라고 판단했다. 그 당시 홍콩은 천안문 사건으로 동요하고 있었다. 경기는 후퇴하고 땅값도 하락세였다. 그리고 사람들은 천안문 사건과 같은 일이 홍콩에서도 일어날 것이라고 생각했다. 그렇지만 나는 장사꾼 감각이 뛰어난 중국인은 홍콩에서 그러한 일을 절대로 벌이지 않으리라 생각했다. 홍콩 총독관으로부터 야오한의 진출이 홍콩의 불안을 진정시키는 역할을 담당했다고 대단한 환영을 받았으며, 베이징 정부의 후원도 얻는 행운이 뒤따랐다.』

와다는 오늘날 중국에까지 진출했으며, 2010년에는 중국에 1,000개 정도의 슈퍼마켓을 개점한다는 구상도 갖고 있다.

이와 같이 야오한은 시간축을 따라서 문제를 하나하나 해결하면서 나아가는 것처럼 보인다. 왜냐하면 기본적인 경영전략의 근저에 미래에서 바라본 확고한 시점이 있기 때문이다. 즉 해외 시장에서 야오한의 경영기반을 확립하고 국제적 시야로부터 얻은 노하우를 토대로 일본에 본격적으로 재상륙한다는 비전이 마련되어 있다. 그리고 그 비전의 기본은 소비자에게 좋은 것을 싸게 제공한다는 유통업의 본질을 항상 간직하며 전술을 전개해간다는 것이다.

『야오한은 해외 16개 국에서 사업을 전개하고 있는
데, 이들 국가는 각각 생활관습도 종교도 언어도 다르기
때문에 수많은 시행착오를 겪어왔다. 그러나 이 경험은
앞으로 반드시 활용할 수 있다. 그 점에서는 일본의 다
른 유통업에 비해 확실히 자신감을 가지고 있다.』

일본적 경영이 파국을 치닫고 있는 지금, 일본 기업
은 국제적 규칙의 틀 안에서 살아가지 않을 수 없는 상
황에 빠져 있다. 그 중에서 야오한은 제일 먼저 국제경
쟁에 대처할 수 있는 경영체질의 개혁과 경험을 쌓았
다. 그런 의미에서 한 발 앞서가고 있다고 말할 수 있
다.

중국의 장래에 대한 질문에 대해 와다의 답은 명료했
다.

『일본의 전후가 그러했던 것처럼 중국도 마찬가지로
시행착오를 거치면서 하나씩 하나씩 해결해나가고 있
다. 점점 더 나은 방향으로 나아간다고 생각한다. 물론
그 앞에는 여러 가지 문제가 생기리라 생각하지만, 그러
한 경험을 해야만 중국 경제가 좋아질 것이다.』

이 말에서 알 수 있듯이 중국이 모든 부분에서 순조롭

게 나아가리라고는 낙관하지 않는다. 나카지마 교수가 중국의 장래에 대해 근심을 표명하고 있듯이, 와다도 다소의 혼란을 예상하고 있는 것이다.

그러나 여전히 중국의 장래에 기대를 걸고 있는 이유는 장사꾼으로서의 상혼뿐 아니라, 여러 가지 면에서 중국과 일본이 서로 공존해가야 한다는 사명감이 있기 때문일 것이다.

의욕을 불러일으키는 꿈

미사와홈 사장인 미사와도 와다에 결코 뒤떨어지지 않는 독특한 발상을 하는 것으로 알려져 있다.

아마 10년 전쯤 되었을 것이다. 미사와는 신년회에서 사원들 앞에서 『우리 회사는 필요 없는 것 같다』고 말했다.

『이 세상에는 필요 없는 회사가 무척 많다. 가끔 우리 회사는 없어져도 되는 것은 아닌가 하는 생각이 들었다. 상품도 가격도 서비스도 타사와 같다. 이래서는 회사의 존재 이유가 없다. 그래서 「우리 회사는 필요 없는 것 같다」고 말한 것이다. 반 년 동안 계속 그런 말을 되풀이하자, 사원들도 자신이 불필요한 회사에 있다는 사실이 수치스럽게 느껴졌나 보다. 그 때부터 사원들로부터 여러 가지 아이디어가 나오기 시작했다.』

미사와 사장의 「사망선언」이라는 것도 있다.

『첫번째는 석유파동 이후의 일이다. 경기가 좋아지면 상황도 나아지리라 생각했지만, 현실은 조금도 호전되지 않았다. 원인은 내 자신이 시장(市場)의 질이 변했다는 것을 간과하고 있었기 때문이었다. 따라서 전 사원 앞에서 전의 사장은 죽었다고 선언하고 법명까지 만들었다. 그리고 나서 누군가가 이전에는 사장이 이렇게 했다고 지적하면, 그것은 선대 사장의 일로서 지금 사장의 생각은 다르다고 말했다.

두번째의 사망선언은 다음과 같은 이유에서였다. 우리 회사는 지금까지 여사원을 그다지 중용하지 않았다. 지금 세상은 좋은 품질을 선호하는, 즉 각각의 맛을 음미하는 시대로 변모했다. 따라서 감성의 시대가 도래해서 세심한 여성의 감성이 필요해졌다. 하지만 내가 서둘러 여성을 중용하자고 말하고 싶어도 지금까지의 분위기상 좀처럼 입을 열 수가 없었다. 그러므로 2대째의 사장도 사망선언을 했다. 그래서 지금은 3대째의 사장이 되었다.』

미사와의 사망선언은 위트가 있지만, 대개 경영자는 조령모개(朝令暮改)식으로 전에 한 말을 곧바로 뒤집든가 해서 지금까지 말해왔던 것을 태연하게 철회해버린다. 벌써 20년이나 지난 일이지만, 나는 이 일을 〈프레지던트(president)〉지에 「대 경영자는 지우개가 크다」라는 제목으로 다룬 적이 있다.

이러한 발상을 보건대, 미사와 사장은 사원에게 일할 의욕을 북돋우는 데 실로 뛰어난 솜씨를 갖고 있음을 알 수 있다. 「21세기의 사원은 2억의 자산을 가지고 2,000만 엔의 연수입을 올린다! 」라는 목표를 내거는 것도 그 하나다.

『2000년과 연관지어서 1주일에 이틀을 쉴 수 있고, 집은 자택과 별장으로 두 채, 연속휴가를 계획할 수 있고 친구들도 200명. 그리고 연수입은 2,000만 엔이고 재산은 2억 엔…. 2000년이 되면 사원들에게 이 정도의 혜택을 부여하는 회사가 많이 등장할 테니까 뒤처지지 않도록 분발하라고 말한다.』

이것이 「일본의 꿈」이라 해도 상상만으로도 정말 멋지다. 이러한 행동이나 시간축으로 파악하는 자세도 와

다와 비슷하며, 내세우는 여러 가지 아이디어나 그 속에 기본적으로 생활자를 위한다는 이념이 잠재해 있는 것도 공통점이다.

『조금 무리라고 여겨지는 목표라도 본격적으로 지혜를 모으고 아이디어를 내면 충분히 달성할 수 있다.』미사와는 대수롭지 않게 말하지만, 그러한 목표에 진정으로 몰두하게 하는 의욕이 중요하다는 교훈을 가르쳐주고 있는 것이다.

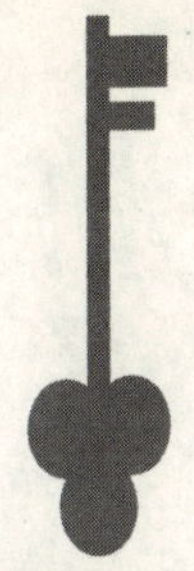

두번째 키워드

◆

신 커뮤니케이션론

인터넷의 사무라이

　오늘날의 기술 혁신이 가져다 준 정보화 중에서 가장 현저하게 변화한 것이 커뮤니케이션의 패러다임이다.

　게이오(慶應) 대학 쇼난후지사와(湘南藤澤) 캠퍼스. 1990년에 문을 연 이 캠퍼스에서는 학생들이 노트북 컴퓨터를 이용해 강의에 대한 정보를 얻고, 교수의 강의에 대한 질문이나 의견 또는 리포트를 제출한다. 나아가서 클럽 활동에서부터 데이트 신청에 이르기까지 모든 활동을 인터넷을 통해 처리하고 있다.

　또 학내에는 워크 스테이션(work station)이 설치되어 있어서 이것을 인터넷에 연결하면, 세계 각지의 데이터

베이스나 뉴스 서비스로부터 자유로이 정보를 얻을 수 있게 되어 있다.

이에 따른 가장 큰 변화라고 하면 종래의 교사와 학생 사이의 관계가 크게 변했다는 점이다.

『교단에서 학생을 내려다보는 교육은 이제 끝났다.』 이렇게 단언한 사람은 이 실험적인 캠퍼스 만들기에 지도적인 역할을 담당한 무라이 준(村井純) 교수다.

무라이 교수는 오늘날 전세계의 이용자 수가 3,000~4,000만 명에 달한다는 화제의 인터넷을 일본에서 완성시킨 최대의 공로자이자 연구자다. 그의 영향력은 일본뿐만 아니라 세계에서 「인터넷의 사무라이」라는 별명으로 불릴 정도로 막강하다.

『일본은 메이지(明治) 개국 이래 구미 선진국을 뒤쫓아가기 위해 서구의 지식을 흡수하는 데 힘을 모아왔다. 그리고 이 지식의 흡수가 바로 교육이라고 생각했었다. 하지만 점차 많은 사람들이 그러한 통념을 깨고 새로운 인식에 눈을 뜨기 시작했다. 그러나 단순한 지식의 전달이 아니라 인간 개개인의 재능을 키워야겠다고 생각했지만, 구체적인 방법론을 몰라 과거의 사고방식에서 좀처럼 빠져나오지 못하고 있다. 그것은 대학도 마찬가지다. 따라서 후지사와 캠퍼스에서는 될 수 있는 한 미래의 교육에 근접하는 교육의 실험장을 만드려 한 것이다.』

예를 들면 학생이 인터넷상의 전자 게시판에 질문을 게시해두면 교사가 답을 제시하기 전에 여러 학생들이 해답이나 의견을 보내온다. 강의에 대해서도 「그것은 틀리다. 그 증거로…」라는 식으로 증거자료도 함께 게시된다. 대부분의 학생들은 지식만으로는 만족해하지 않는다. 하물며 정보를 얻는 것만이라면 학교의 강의를 듣느니 인터넷을 이용하는 편이 훨씬 빠르다. 이제까지의 교육현장에서처럼 교사가 학생에게 지식을 가르쳐주는 식의 역할은 변화할 수밖에 없다.

『교사가 몸에 익힌 지식이라는 것은 경험과 체력인데, 체력 면에서는 학생을 감당할 수가 없다. 그러면 남는 것은 경험밖에 없다. 경험에 기초해서 「그 정보는 이런 식으로 사용한다」라고 말할 수 있다. 누구라도 습득할 수 있는 지식을 전함으로써 부담이 없어진 만큼 각각의 학생의 개성을 신장시키기 위해 도움을 준다고 하는 교사 본래의 일을 할 수 있을거라고 생각한다.』

이제 여기에는 교사와 학생이라는 관계에서 정보를

주는 측과 받아들이는 측이라는 구태의연한 도식은 성립되지 않는다. 교사는 경험에 기초한 경험활용 방법이나 인생 선배로서의 인생 상담자적인 역할을 담당해야 한다는 새로운 도식이 생겨난 것이다.

교육도 경영도 변한다

지금까지 「정보화 사회」라고 하면 컴퓨터라는 기계를 통해 의사소통을 함으로써 진정한 인간관계나 인간적 접촉이 사라지고 감정이나 정서라는 인간적 측면이 파괴된다는 부정적 이미지가 강했다. 그런데 현실은 오히려 그 반대로 진행되어 인간관계가 좀더 긴밀하게 되었다.

즉 지금까지의 조직이나 직위 또는 직종의 차이로 인해 생기는 상하관계를 기본으로 한 인간관계에서 그러한 것에 관계없이 개인 대 개인의 관계로 변해가고 있다.

예컨대, 교사와 학생의 관계를 보면 가르치는 측과 배우는 측을 들 수 있다. 무엇을 가르치고 배우는가 하면 지식, 즉 정보다. 지식을 가지고 있는 교사와 지식을 가지고 있지 않은 학생이라는, 이른바 정보량의 많고 적음에 따라서 상하관계가 성립된 것이다. 정보화로 인해 교사와 학생 사이에 정보량의 차이가 없어지게 되면, 그 관계는 정보량이 아니라 인간성에 의거해 만들어지게 될 것이다.

기업사회에서도 마찬가지다. 현재의 피라미드형 조직 안에서의 직제(職制)는, 어떤 의미에서는 정보(반드시 유용한 정보라고는 할 수 없지만)량과 그 흐름을 제어함으로써 유지된다. 『나는 그런 말은 듣지 않아』라고 조직 내에서의 지위를 과시하는 예는 어느 조직에서나 곧잘 볼 수 있는 광경인데, 정보화의 파장은 그러한 풍속도를 파괴시킨다.

최신 정보는 전 사원이 컴퓨터 한 대로 얻을 수 있고, 말단사원이 최고경영자에게 직접 정보를 보낼 수도 있다. 그렇게 되면 정보 조작에 따른 상하관계라는 것은 전혀 의미가 없어지게 된다. 무라이 교수는 그 점에 대해 다음과 같이 말하고 있다.

『중간관리직의 역할이 변해가고 있다. 정보를 얻어서 그 정보를 부하나 상사에게 단순히 전달하는 관리직은 불필요하지만 그 사람의 경험은 매우 중요하다. 예를 들어, 인터넷을 통해 얻은 광대한 정보 안에서 기업이 중요한 정보를 취사선택하는 면에서는 경험이 중요하다. 그런 의미에서「정보관리직」이라는 역할이 생겨나게 될 것이다.』

커뮤니케이션은 평등하다

『인터넷이란 의사소통에 관계하는 모든 테크놀로지가 인간의 활동을 어떻게 지원해주는가 하는 기반에 지나지 않는다. 그러므로 인터넷을 이용하고자 할 때는 테크놀로지를 어떻게 사용할 것인가 하는 정확한 목적이 없으면 안 된다.』

무라이 교수는 컴퓨터가 계산기로만 취급되던 시대에 컴퓨터를 연결하려는 시도를 시작한 사람이다. 서로의 의사소통을 위해 컴퓨터를 활용하려고 생각한 것이다.

사용하는 방법이나 유용성에 대해서는 실제로 연결해서 사용하다 보면 저절로 명확히 알게 될 것이라고 생각하고 네트워크를 구축했다.

인터넷은 국가나 대기업에 의존하지 않고 거대한 인프라(infrastructure : 산업기초 부문)가 생긴, 역사상 최초의 예라고 한다. 그리고 그에 따라 의사소통의 패러다임은 커다란 변화를 겪고 있다.

정부든 기업이든 개인이든 간에, 누구나 세계를 향해 정보를 발신할 수 있게 되었다. 대학이나 학생 개인이, 자신이 하고 있는 일은 이러한 것이다라고 세계를 향해 표현할 수가 있다. 또 어린 학생이 작문이나 그림을 게재하고 그것에 대해 감상문을 받기도 한다. 인종, 성별, 연령, 국적에 관계없이 인터넷상에서의 의사소통은 평등하다.

이러한 의사소통을 가능케 한 것이 과학기술이다. 게다가 이 과학기술은 의사소통에 관계하는 모든 인간의 활동에 영향을 준다. 학교에서의 교육이 바람직한 모습으로 변화된다면, 회사의 조직이나 인사제도도 그에 따라 변화될 것이다.

「언어」의 벽이 무너졌다

인터넷은 무라이 교수와 같은 이들의 노력으로 널리 보급되었으며, 최근에는 기업을 비롯해 개인들 사이에서도 이용자가 증가하고 있다. 그러나 이를 활용하고 싶어도 언어 문제가 가로막는다.

인터넷에서는 기본적으로 영어가 사용된다. 그러므로 영어를 모르면 이용할 수 없다.

『앞으로 인터넷의 기술적 과제 가운데 하나로 거론되는 것이 각각의 문화나 언어를 사용해서 정보를 교환할 수 있게 하자는 것이다.』

무라이 교수의 말처럼, 인터넷을 세계 여러 나라 사

람들이 언제 어디에서나 이용할 수 있도록 하려면 커다란 장애요소인 언어 문제를 해결해야 할 것이다. 특히 일본은 국제사회의 중추적인 역할을 담당하고 있으며, 교육수준도 높을 뿐만 아니라 학교에서도 영어 교육을 실시하고 있다. 그럼에도 불구하고, 영어 실력이 형편없는 국민이라는 것이 부끄럽다. 일본의 영어 교육에 문제가 있다고 생각할 수밖에 없다.

이 영어 실력의 부족으로 인해 비즈니스 분야에서도 다른 나라들에 뒤지는 경향이 최근 몇 년 사이에 현저하게 나타나고 있다. 그것은 세계에서 개발되고 있는 컴퓨터 소프트웨어의 대부분이 영어로 되어 있기 때문이다.

영어권이라면 이것을 바로 사용할 수 있다. 그러나 일본에서는 이것을 하나하나 일본어로 변환시킨 소프트웨어를 만들어야만 사용할 수 있다. 이 작업에는 1년 정도가 소요된다. 따라서 그만큼 비즈니스에 손해가 된다.

어쨌든 영어를 모르기 때문에 인터넷을 이용할 수 없다는 것은 곤란하다. 이러한 이유에서 자동 번역 소프트웨어 개발이 기술상의 과제로서 등장하는 것이다. 일본에서도 자동 번역기의 개발에 몰두하고 있는 회사가 있다.

자동 번역기 개발회사 가운데 카테나 주식회사가 있다. 사장인 고미야 요시츠쿠(小宮善繼)는 학생시절부터 기업경영에 뜻을 두고 컴퓨터 비즈니스에 뛰어들었다. 1968년 약관 23세에 「카테나 비즈니스 서비스」를 설립했다.

컴퓨터 입력 업무를 기반으로 퍼스널 컴퓨터 및 소프트웨어 판매에 착수해 급성장을 거듭했다. 1985년 회사명을 현재의 카테나로 변경해서 1991년에는 동증(東證 : 도쿄증권거래소) 2부에 상장, 모든 벤처기업의 총아로 성장했다.

고미야가 현재 개발에 몰두하고 있는 것이 자동 번역 소프트웨어다. 개발목적에 대해 고미야는 이렇게 말했다.

『지구상에는 많은 나라가 있고 각각의 문화가 있으며 언어가 있다. 언어를 통해 문화와 문화가 교류함으로써 인간은 진보를 거듭해간다. 그러나 유감스럽게도 대다수의 인간은 하나의 언어밖에 이해하지 못한다. 그래서 컴퓨터기술로 그러한 문제를 해결하면 세계 사람들과 교류가 가능해질 것이라고 생각해서 개발에 착수하게 되었다.』

지금으로서는 영어를 일본어로 번역하는 것이 주를 이룬다. 아직은 일본어로 해석해놓은 부분이 어색한 면도 없지 않지만, 내용은 충분히 이해할 수 있다. 어쨌든 이제까지 불가능했던 의사소통이 과학기술의 도움을 받아 누구나 가능해진 좋은 예이다.

자동 번역기는, 컴퓨터가 각광을 받기 시작해서 이른바 인공지능으로서의 컴퓨터가 대두되는 현재에 이르기까지 계속해서 이어져 온 발상이다. 이것은 영어 문장을 스캐너로 읽어들여 그것을 일본어로 변환시키는 기계다.

그런데 이 발상은 인터넷 이용자가 폭증하면서 갑자기 그 유용성이 커졌다. 사용 언어에 관계없이 세계와 인터넷을 통한 의사소통을 할 수 있기 때문이다. 이것이 바야흐로 새로운 의사소통의 창조다.

생명체와 컴퓨터

컴퓨터 네트워크로 인해 의사소통의 형태에 커다란 변화가 계속 일어나고 관련 비즈니스도 성황을 이루자, 매스컴이 떠들썩하다. 이러한 커뮤니케이션 패러다임의 변화에 대한 대응으로 가장 중요한 것은 지금부터 이 시대를 이끌어갈 어린이들에 대한 교육이다.

비즈니스 사회는 어느 정도 방치되어도 시장원리가 작용해 그 나름대로의 컴퓨터 사회가 형성되어 간다. 그러나 교육환경은 그렇게 간단하지 않다. 정부나 행정부처가 장래에 대한 비전 아래 그 능력을 육성하는 지침을 만들어 적극적인 투자를 실시해야만 가능하다. 그러한 교육환경을 정비해가는 것이야말로 21세기를 향한 인재 육성에 중요한 요소라고 생각한다.

최근에는 인텔리전트 빌딩(intelligent-building : 공동 이용이 가능하도록 컴퓨터 기기 등의 고도 정보통신 기능을 갖춘 빌딩)이 아닌, 인텔리전트 스쿨(intelligent-school)이 사람들 입에 오르내리고 있다. 인텔리전트 스쿨 설계의 제1인자로서 활약하고 있는 사람이 스즈키 도시에(鈴木敏惠)다.

인텔리전트 스쿨이라고 하면 건물도 최신식이고 교실마다 퍼스널 컴퓨터가 죽 늘어서 있을 것 같은 느낌이 든다. 그러나 스즈키가 설계한 것을 보면 지은 지 50년이나 되는 목조 건물을 헐어서 만든 나무 계단을 정보화 공간에 재이용해 놓았다. 게다가 교실에는 당연히 있을 법한 칠판 대신 대형 스크린이 걸려 있다. 또 다다미 교실이 있고 거기에 퍼스널 컴퓨터가 놓여 있다. 실로 독특한 발상이다.

『컴퓨터 사회에 대응하는 교육환경을 생각할 때, 단지 컴퓨터나 그 밖에 여러 가지 미디어를 모두 갖추었다고 해서 그것으로 아이들의 교육환경이 제대로 정비되어 있다고 말할 수는 없다. 배우기 쉽고 재미있는 환경이 되어야 한다. 아이들에게는 나무나 다다미는 신선한 소재다. 그래서 학교를 미래화시킬 때에는 생명이 있는 소재도 포함시켜야겠다고 생각했던 것이다. 게다가 요즘 아이들에게 컴퓨터는 저항 없이 받아들이기 쉬운 것이지만, 한편으로는 싫어하는 아이들도 있다. 그래서 내가 세운 학교의 학생들이 「이 교실에 다다미가 있어서 왠지 컴퓨터와 친해질 수 있을 것 같은 기분이 들어요」라고 말했을 때는 「내 생각이 맞아떨어졌구나! 」하고 생각했다. 』

스즈키는 학교에 가게 되면 반드시 아이들에게 말을 걸어 이야기를 나눈다. 아이들의 기분을 알 수 없으면 아이들에게 알맞은 환경을 만들 수 없기 때문이다.

『아이들은 컴퓨터와 같은 하이테크 미디어도 좋아하지만 생명이 있는 소재도 무척 좋아한다. 그러므로 그러한 것과 함께 학교의 미래화를 진행시켜가지 않으면 안된다. 기업의 인텔리전트 빌딩과 학교의 인텔리전트 스쿨은 다르다는 것을 어른들이 확실하게 인식해야 한다고 생각한다. 』

「정보화」라는 이름뿐인 빈약한 교육환경

　　최근 대부분의 공립학교에서는 컴퓨터 교실을 마련해 놓고 있는데, 이것이 학교 교육화되면 「정보기초」라는 과목으로 개설될 것이다. 학생들이 컴퓨터를 「정보기초」라는 과목으로 배우게 되고 게다가 시험도 봐야 한다면, 모처럼 재미있던 컴퓨터도 싫어지게 될 것이다.

　　학교는 교육을 전해주고 지식을 가르치는 장(場)이라는 종래의 발상으로부터 한 발짝도 진전되지 않고 있다. 앞으로의 정보화 사회에 필요한 능력은 이러한 수동적인 교육으로는 길러지지 않는다. 스스로가 자유롭게 생각하는 능력을 기르는 것이 중요하다.

『아이들에게는 마음 속으로부터 가득 넘쳐흐르는 상상력이나 에너지가 있다. 지금까지와 같은 수동적인 교육에서는 그와 같이 멋진 상상력이나 에너지를 발휘하는 여건이 갖춰지지 않았었다. 아무리 자유로운 발상을 한다 해도 그러한 능력을 키울 수 없다. 그런데 멀티미디어라고 하는 것은 각자 스스로 여러 가지 지식이나 감동을 주고받거나 공유할 수 있는, 커다란 장점이 있다. 그렇기 때문에 학교에 멀티미디어 도입을 추진하는 것은 매우 중요하다.』

스즈키에 따르면, 사회과목 수업에서 정치나 역사를 가르칠 때 칠판이나 교과서를 사용해서 가르치는 것보다 대형 화면을 사용해서 영상으로 가르치면 학생들이 무척 재미있어할 뿐더러 쉽게 이해하고 기억도 잘 한다고 한다.

영어만 해도 그렇다. 아무리 수업을 충실히 받더라도 쉽게 유창해지지 않는데, 인터넷으로 세계와 의사소통을 하고 싶다고 생각하면 영어가 필요하다는 것을 알게 되고, 나아가 열심히 공부하게 되어 자연히 영어가 몸에 배게 된다. 그리고 무엇보다도 「신선한 정보」로 배운다는 것이 교과서와 달라서 설레임과 흥미를 갖고 기다려지게 되는 것이다.

그리고 컴퓨터로 자동차 경주 게임을 즐기면서도 차와 차를 충돌시키려면 이원이차방정식을 풀어야만 가능하므로 자연히 수학도 공부하게 된다. 어린이들은 실제로 그렇게 하며 놀고 있다. 컴퓨터는 교육에서도 실로 여러 가지 가능성을 가지고 있는 것이다.

그런데 스즈키에게 들은 놀라운 사실은 정보화를 외치며 학교에서 퍼스널 컴퓨터를 대량으로 도입했음에도 불구하고, 한 학교에 전화회선이 두세 개밖에 없다는 점이다. 그렇게 되면 컴퓨터가 있어도 네트워크를 사용할 수 없다. 일본이 실시하고 있는 일은 항상 이렇게 앞뒤가 맞지 않는다.

『유감스럽게도 일본에서 추진된 학교 정보화는 단말기를 늘어놓는 것에서부터 시작했다. 예를 들면 대형 비디오 프로젝트를 도입해도 그것이 옥상 파라볼라 안테나와 연결이 되지 않는 경우도 있다. 컴퓨터를 몇 대나 들여놓았어도 전화회선은 교장실과 직원실에 한 대씩, 팩스를 들여놓아도 전용이 아니라서 자유로이 사용할 수 없다. 하물며 컴퓨터 통신이라니…. 사용하려 해도 조심스러워서 장시간 사용은 감히 상상도 할 수 없다.

전화 회선으로 각각의 미디어를 서로 연결시키면 정보화의 가능성이 그만큼 넓어지건만 그것을 할 수 없는 것이다. 학교를 지을 때도 정보화의 물결이 밀려올 것을 예상했으면서도 배관을 비워놓지 않아 하나의 회선을 집어넣기 위해 대공사를 해야 하는 상황이다.』

그렇지 않아도 일본의 학교교육에서 정보화는 10년이나 늦었다고 한다. 미국은 말할 것도 없고 싱가포르나 영국, 호주에서는 컴퓨터를 비롯해 여러 가지 멀티미디어를 학교교육에 도입해 활용하고 있는 실정이다. 또한 각국의 인터넷 이용도 늘어나고 있다.

비록 늦기는 했지만, 일본의 학교교육에도 퍼스널 컴퓨터가 도입되어 있다는 말을 들으면「일본도 드디어 지금부터 시작이다」라는 생각이 들다가도, 막상 전화회선이 두세 개밖에 없다는 말을 들으면 기가 막힐 따름이다.

전화회선은 간이휴대전화(PHS)와 같은 것으로 해결할 수도 있다고 한다. 그렇다고 해도 조금 너무하지 않나 싶다.

자연과 멀티미디어의 밀접한 관계

스즈키는 공업 고등학교를 졸업했다. 당시 여자가 공업 고등학교에 진학하는 것은 매우 드문 일이어서 모두가 「색다르다」고 생각했었다는데, 오늘날 색다르다라는 의미는 개성 있다는 말로 오히려 칭찬하는 소리가 되었다.

『광고용 전단지에는 아이들에게 컴퓨터를 판매하기 위해 「창조성을 기르고 개성을 살린다」는 문구가 빠지지 않고 들어가 있는 것을 볼 수 있다. 컴퓨터라는 상자 한 대로 개성이나 창조성이 길러질 리는 만무하다. 아이들은 친구들이나 우연히 마주치는 사람들, 학교의 벽 색

깔과 마루의 색, 창을 통해 보이는 경치 등 모든 환경과 접촉하면서 어른이 되어간다. 그 환경의 일부로서 멀티미디어가 있다.

자기 자신이 무엇을 표현하고 전달하고 싶어하느냐가 가장 중요하다. 자신의 생각을 하나의 매체를 통해 상대방에게 제대로 전달할 수 없는 아이는 멀티미디어로 전달하는 것이 불가능하다. 그러한 자기 표현능력은 인간에 대한 애정이라든가 다정함, 또는 자연의 풍요함 등으로부터 많은 것을 배움으로써 가능한 것이다. 결코 컴퓨터가 길러주는 것이 아니다.』

스즈키는 계속해서 이렇게 말했다.

『「사랑과 자연과 멀티미디어」라는 광고문구가 마음 속으로부터 자연스레 일어나는 시대가 되지 않으면, 진정한 의미에서의 인텔리전트 스쿨은 생겨나지 않는다고 생각한다.』

인터넷이 번창한 미국에서 우수한 인재들은 산타 클라라 카운티(실리콘밸리)나 콜로라도 주 근처의 자연경관이 뛰어난 곳에 살면서 컴퓨터를 이용해 전세계를 상대로 비즈니스를 하고 있다.

대도시의 아스팔트 정글에서는 새로운 것이 나오지

않는다. 역시 자연의 힘은 인간이 창조력이나 아이디어
를 만들어내는 데 커다란 영향을 미치고 있는 것 같다.

변화되는 사람부터 변화시켜 간다

커뮤니케이션의 패러다임은 확실히 변화하고 있다. 일본의 아이들은 세계 최대의 컴퓨터 인구를 형성하고 있기 때문에 멀티미디어 사회에 대한 대응이나 자질 면에 대해서는 나는 아무것도 걱정하고 있지 않다.

걱정이 되는 것은 그러한 아이들에 대한 어른들의 대응이다. 지금까지 획일적인 교육을 강요해온 학교의 교사나 문부성(文部省 : 우리나라의 교육부), 그리고 부모들이 그러한 아이들에게 대처해갈 수 있을까? 어른들의 의식혁명이 정말로 일어날 수 있을까 하는 것이다.

특히 부모들은 20년 전 자신이 겪은 경험에 비추어 아이들에게 『공부를 잘 해야 좋은 학교에 들어가고, 좋은 학교에 들어가야 좋은 회사에 취직할 수 있다』고 격려하는데, 아이들이 실제로 사회에 진출하는 시점은 20년 후의 일이다. 부모가 자라난 사회는 실로 40년이나 시대를 거슬러 올라간 옛날인 셈이다.

그 사이에 사회는 현저하게 변화했다. 부모 세대는 자신의 사고방식이 오랜 관념에 사로잡혀 있다는 사실을 알지 못한다. 하루가 다르게 변화되고 있는 불확실성의 시대에 이 시간차는 치명적인 것이다.

아이들은 「현대에 살고 있는」 것에 민감하고, 사회가 어떠한 방향으로 흘러가는지 잘 알고 있다. 결론을 말하자면 아이들의 장래에 대해서는 아이들의 판단에 맡기는 것이 가장 중요하다는 뜻이다.

그러면 어른들은 무엇을 해야 하는가? 많은 선택의 기회를 아이들에게 제공해줄 수 있는 자유로운 환경을 만들어주면 되는 것이다.

스즈키는 다음과 같이 말한다.

『원칙이나 표어상으로 「모두 의식개혁을 하자」고 아무리 외쳐도 세계는 변화되지 않는다. 변화되는 사람부터 점차 변화시켜가면 되는 것이다. 언젠가는 그 변화가 사회 전체에 널리 퍼져갈 것이라 생각한다. 그렇기 때문에 나도 돌진해가고 있는 것이다.』

이것은 게이오 대학의 무라이 교수도 동감하고 있는 내용이다. 멀티미디어는 사용하고자 하는 사람부터 사용하게 하면 된다고 말했다. 얼마 전에 교육위원회에서 규칙을 바꾸자고 제언했지만 아무것도 변하지 않았다는 사실을 생각하면, 가능한 부분부터 먼저 시작한다는 스즈키나 무라이의 의견은 의외로 현재 상황을 매우 정확히 파악하고 있는 것이라 생각한다. 문부성이나 일교조(日敎組)에게 변화하라고 외치는 것은 시간 낭비다.

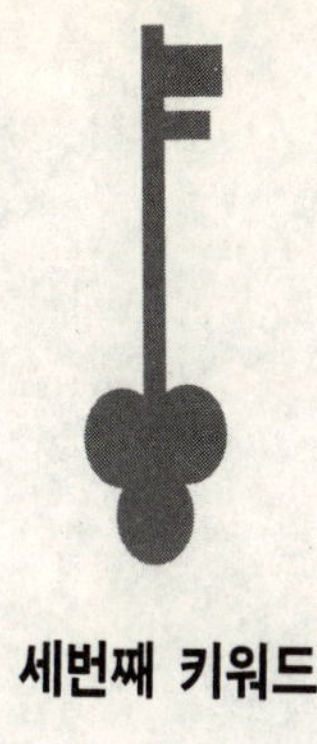

세번째 키워드

◆

자유재량시간

무엇을 하고 싶은지 알 수 없다?

이전에 《여유 있는 마음》이라는 책을 냈을 때 독자들은 내가 의외로 여러 가지를 즐기고 있다는 사실에 놀랐다고 한다. 그러나 나는 그런 독자들의 반응에 오히려 놀랐다. 어느 기업 경영자는 부인으로부터 이 책을 읽도록 권유받고 처음으로 1주일 간의 휴가를 얻었다고 한다. 사람들은 내가 일만 하는 일 중독자라고 생각하나 보다.

그러나 나는 스스로 상당히 여유 있는 사람이라고 생각한다. 1년 간 계획을 세울 때는 먼저 휴가를 집어넣고 그 다음에 일을 포함시킨다. 휴가 전에는 놀고 싶으니까 누가 뭐라 해도 일은 끝마치게 된다.

다케무라를 초대손님으로 불렀을 때, 내가 일보다 여가를 우선한다고 말해서 한동안 화제가 된 적이 있었다.

『내 프로그램에서 오키나와(沖繩) 녹화촬영이 있었는데, 그 때 초대손님으로 소니의 모리타 아키오(盛田昭夫) 회장과 오마에 씨를 불렀다. 그런데 그 전날 내일 아침 9시부터 녹화가 있다고 연락을 했더니 오마에 씨가 그 시간에는 스쿠버 다이빙을 하러 가니까 나올 수 없다는 것이었다. 그리고 여비는 되돌려주겠다고 했다. 무척 당황했다. 나같이 제멋대로인 사람도 프로그램 녹화가 있다면 참고 견딘다. 그 때 모리타 씨와 오마에 씨는 남다른 사람이구나 하고 웃었다. 그 일이 무척 인상 깊다. 오마에 씨는 나보다 더 멋대로인 사람이다. 운 좋게 그 다음 날은 파도가 높아 잠수를 할 수 없게 되어 예정대로 녹화를 할 수 있었다.』

그 후 나는 모리타와 다케무라와 어울려 곧잘 오키나와에서 스쿠버 다이빙을 신나게 즐겼다.

내 이야기는 접어두고 다케무라나 모리타도 일이 바쁜 와중에 실로 인생을 즐기고 있다. 다케무라는 50세를 넘어서 스키를 배우기 시작했고 스쿠버 다이빙 면허까지

따냈다. 모리타는 스키는 물론, 65세에 윈드서핑을 시작했다고 한다. 게다가 주간지에서 마련한 대담자리에서 내가 스쿠버 다이빙의 묘미를 말했더니 그 뒤에 즉시 면허를 땄다고 해서 무척 놀랐다. 그의 나이 67세 때의 일이었다.

두 사람 모두 일본인으로서는 드물게 인생을 즐기고 있다. 다케무라에게 이에 대해 물어보았다.

『이러한 일은 젊었을 때 시작해서 사오십 대가 되면 그만두는 것이 보통이지만, 나는 모두가 그만두고 싶어할 때 그 일이 하고 싶어졌다. 변화를 준다는 건 그런 것이다』라고 아무렇지도 않게 말했다. 그러나 대체로 일본 사람들은 즐기는 데 서투르다.

다케무라는 『일본인은 어렸을 때부터 자신의 욕망을 억제하는 생활방식에 익숙해져 왔기 때문에 자신이 무엇을 하고 싶어하는지, 어떠한 삶을 원하는지 알지 못하는 사람이 너무 많다』고 말하는데, 그렇다고 늘 일만 하고 있느냐 하면 그런 것은 아니다.

아침 일찍 회사에 나와서 밤 늦게까지 근무하거나 동료와 함께 한잔 하러 간다. 하루 24시간의 대부분을 회사에서 지내고 집에는 잠자러 돌아가는 생활이다. 인생을 즐기기는커녕 생활의 전부를 회사에 의존하고 있다.

이러한 사람들은 정년이 되어 퇴직을 하고 나면 아직 한창 일할 나이임에도 불구하고, 자기가 무엇을 하고 싶어하고 무엇을 해야 할지 모른 채 방황하게 되는 것이다. 기껏해야 여행을 하는 정도이고 그것도 항상 가보는 곳만 찾으므로 집 안에서는 가족으로부터 퇴물 취급을 받기도 하는 형편이다. 그런 인생을 보고 있으면 실로 착잡한 기분이 든다.

일본이 풍요로와져 여가시간이라든가 레저 붐이 일었던 것은 몇십 년 전의 일이지만, 직장인의 실태는 하나도 변한 게 없다.

버블경제가 붕괴되어 불황이 계속 이어짐에 따라 이러한 직장인에 대한 반성이 갑자기 일어나고 있는데, 완전히 눈가리고 아웅하는 식이다.

불황으로 잔업이 감소하고 기업은 명예퇴직이라는 이름 아래 직원들을 해고하기 시작했다. 이러한 분위기 속에서 종신고용의 신화가 그야말로 신화에 지나지 않는다는 것을 겨우 자각하기 시작했다는 느낌이 든다.

그러나 일은 여기에서 끝나지 않는다.

1,800 노동시간이 의미하는 것

연간 1,800 노동시간은 1992년 6월 발표된 「생활대국 5개년 계획」에서 정부의 명확한 목표로 법제화되었는데, 그 배경과 그 후의 경과를 보면 1,800시간이라는 수치 그 자체의 의미가 시대의 변화에 맞춰졌음을 알 수 있다.

애초에 연간 1,800 노동시간이라는 숫자는 1987년의 제2차 마에가와(前川) 보고서(정식 명칭은 「구조조정 지침」)에서 정부의 공식 지표로서 처음 등장했다.

주지하다시피 마에가와 보고서는 「우리나라의 경상수지 불균형이 큰 폭으로 지속되고 있다. 이는 우리나라의 경제 운영면에서, 그리고 세계 경제의 조화 있는 발전이라는 관점에서 위기 상황에 처했다는 의미로서 인식할 필요가 있다」고 지적하고 「국제적으로 조화를 이룰 수 있도록 경상수지 불균형을 착실하게 줄여나간다」는 명제를 정책목표로 해야 한다고 제언하고 있다.

그 구체적인 대안으로서 내수 확대, 직접투자 추진, 시장개방, 금융·자본시장의 자유화, 그리고 주 5일 근무제의 조기 실현 등이 명문화되었다.

연간 1,800 노동시간은 이러한 문맥 속에 나온 것인데, 이 마에가와 보고서에는 당시 일본의 무역흑자 증대에 대한 외국의 비난을 피하기 위한 정치적 의미가 농후하게 반영되었다는 것을 생각해볼 때, 반드시 불가피한 목표는 아니었다.

실제로 「미국 실업증가의 원인은 일본의 수출공세에 있고, 그 수출 생산력을 지원하고 있는 것은 일본 노동자의 장시간 노동이다」라는 비난이 거세게 일어났었다. 사실 선진국(미국, 영국, 독일, 프랑스)의 연간 노동시간이 2,000시간이 채 못 되는(각각 1,949, 1,947, 1,642, 1,645시간)데 비해, 일본만이 2,168시간(1987년)으로 미국과 비교해도 200시간 이상이나 많았다.

확실히 마에가와 보고서는 대외적인 비판을 피하려는 의도가 있었다. 세계 경제에서 일본이 발언력을 확보하기 위해서는 노동조건, 그 중에서도 노동시간을 국제 수준으로 낮춰야 했다. 이것은 반드시 해결해야 하는 문제로 부각되어 「생활대국 5개년 계획」에 포함되게 되었다. 그런 의미에서 1,800시간이라는 숫자는 국제적으로도 타당하고 의미 있는 목표였다.

그리고 1,800시간이라는 숫자는 법제화 과정을 거치면서 산업계와 노동계를 포함해 전 국민의 목표가 되었는데, 그 것이 규정 사실로 인식됨에 따라 1,800시간이라는 숫자는 또 다른 새로운 문제와 의미를 가지기 시작했다.

게다가 연간 노동시간 1,800시간이라는 목표 설정은 그 후의 짧은 경과로 볼 때, 좋고 싫고를 떠나서 우리에게 새로운 문제를 제시했다.

불황으로 맛본 자유시간의 고마움

　그 후의 경과에서 가장 큰 변화는 일본 버블경제의 마감과 불황이었다. 그리고 이 불황은 생각지 않은 결과를 가져왔다.

　이제까지 2,000시간이 넘었던 일본의 노동시간이 불과 3년 사이에 100시간 이상이나 단축되었던 것이다.

　그러나 이는 불황으로 인한 해고나 잔업 축소로 부득이하게 취한 조치로서, 수동적인 것이었다. 따라서 향후 경기가 회복될 경우 다시 노동시간의 증가로 반전될 가능성이 크다.

　그러나 이러한 상황에서 우리는 많은 것을 배웠다.

즉 불황으로 노동시간이 단축됨에 따라 여가시간이 증대된다는 점을 의식하지 않을 수 없게 되었다.

그 뿐이 아니다. 일시 해고나 잔업이 없다는 것은 소득의 감소를 의미하기 때문에 이제까지의 여가 활동, 이른바 레저활동도 뜻대로 할 수 없게 되어 평일에는 곧장 집으로 돌아가게 되고 휴일에도 가족과 함께 지내는 현상이 나타나게 되었다. 「냄비가 팔리고 있다」는 사회면 기사가 그것을 분명하게 증명해주고 있다.

이것은 의외로 커다란 성과를 가져다 주었다. 즉 소득이 감소했음에도 불구하고 그 대가로 얻게 된 자유시간을 일본의 샐러리맨이 의외로 반겼다는 점이다. 그리고 일 중심의 생활에 대한 반성의 분위기가 형성된 것은 확실한 학습효과였다.

전후 일본은 경제지상주의를 기본으로 계속 앞으로만 돌진해갔다. 국민들도 그러한 상황 속에서 소득 확대를 추구하게 되었고, 그에 따라 얻어진 물질적 풍요만이 행복을 가져다 준다는 믿음을 가지고 열심히 일해왔다.

그 결과 일본은 경제대국이 되었고, 개인소득면에서도 최소한 통계수치상으로는 세계 제1의 위치를 점하게 되었다.

이러한 물질주의적 생활에 따른 문제점은 지금까지 여러 가지로 나타났지만, 정부 자체가 이 경제성장이라는 명제에서 벗어나지 못했고 국민들도 의식을 바꾸는 데는 소극적이었다.

일 중심의 생활이 소득의 확대를 가져다 주고 그 결과 물질적 풍요에 젖어, 그 풍요한 생활이 바로 행복한 생활이라는 도식적 사고에서 빠져나오지 못했던 것이다.

이러한 구조 속에서 회사를 중심으로 생활하는 이른바 회사인간, 일 중독자가 알게 모르게 양성되었다. 그리고 성장을 전제로 한 종신고용, 연공서열임금(年功序列賃金)이라는 경영관행에 일본적 경영이라는 이름을 붙여 이것이 참다운 노사관계인 양 믿었다.

따라서 노동시간 단축이라 해도 그것은 경제성장을 전제로 하고 있기 때문에, 고용인원을 증가시켜 1인당 노동량을 분배하는 방법을 통해 성장을 유지했다. 즉 인원을 증가시키고 일을 분배하는 것으로 주 5일 근무제 또는 장기휴가제도를 확보해가는 방법을 취한 것이다.

그런데 이번의 불황은 이제까지의 이러한 일본적 기법으로는 극복할 수 없다는 것이 극명하게 나타났다. 그것이 상징적으로 나타난 예가 대기업에서 중견관리직을 대상으로 실시한 권고 해직이다. 이는 이제까지의 일본 기업으로서는 도저히 상상할 수 없던 것이었기 때문에, 사회적인 문제가 되어 모든 매스컴에서 떠들썩하게 다루었을 정도다.

더욱이 공장의 해외 이전이 급속도로 추진되어 많은 노동자들이 일시 해고되었다. 해고는 지금도 계속되고 있다. 바야흐로 일본적 경영이 한계를 드러낸 것이며, 일본 신화 붕괴의 신호탄이 오른 셈이다.

사람들은 자신이 몸담고 있는 기업이 전 생애에 걸쳐서 자신들의 생활을 보장해주지 않는다는 것을 알게 되었고, 나이가 들어감에 따라 소득이 증가한다는 것은 환상에 불과하다는 사실을 깨닫게 되었다.

이 경험이 지금까지 일본인 사이에 유지되어오던 노동의식을 완전히 변화시켰다는 점은 말할 필요도 없을 것이다.

자신의 시간을 관리하는 능력

일본적 경영의 붕괴에 대해서는 몇 가지 원인을 들 수 있는데, 가장 커다란 원인이라면 시대의 변화에 일본의 시스템이 적응하지 못했다는 점을 들 수 있다. 시대의 변화란 정보화를 일컫는 말이다.

일찍이 앨빈 토플러는 농업혁명, 산업혁명에 이은 「제3의 물결」로서 정보화를 주장했다. 정보화는 지금까지의 기존 시스템이 통용되지 않고 새로운 시스템을 구축하지 않으면 안 된다는 의미에서 본다면 확실히 혁명에 가깝다.

정보화 시대에는 당연히 생산 노동의 형태도 달라진

다. 그 가운데 하나가 플렉스타임(flextime) 제도이다.

출퇴근이 자유롭고 경우에 따라서는 집에서 일을 해도 좋다. 컴퓨터 한 대만 있으면 가능하다. 의사소통을 비롯해 보고, 협의, 회의, 지시, 결재 등 이제까지 사내에서 행해져 왔던 일이 컴퓨터를 사용함으로써 언제 어디에서나 가능해졌다.

물론 모든 부문에서 이 제도가 가능하다는 것은 아니다. 그러나 이미 연구개발 부문이나 기획 부문 또는 영업 부문에서 어느 정도 진행되고 있으며, 이 밖에도 제도를 특정 부분에 한해 도입하고 있는 기업도 증가하는 추세에 있다.

일의 효율성 측면에서 말하자면 이러한 현상은 매우 바람직스럽고 고무적이다. 단, 그렇다고 실제로 효율성이나 생산성이 향상된다는 의미는 아니다.

지금까지는 9~5시까지의 근무시간, 그리고 잔업 몇 시간처럼 회사에서의 구속시간에 대해 임금이 지불되는 제도였다. 따라서 회사에 오래 있으면 있을수록 임금이 오르게 된다. 과거의 근무제도는 일 중독자를 만들어내는 요인으로 작용한다고 할 수 있다.

그러나 플렉스타임제에서는 시간이라는 척도로 임금을

지불할 수 없다. 대신 회사에 어느 정도의 이익을 가져다 주는가 하는, 즉 결과나 성과가 평가기준이 될 것이다.

결국 완전한 능력제가 자리잡게 된다. 여기에는 종신고용, 연공서열임금은 성립되지 않는다. 성과를 올리지 못한 사람에 대해서는 해고할 수 있다는 양해가 성립해야 하므로 조금 어려운 면도 있다. 그러나 이 플렉스타임제는 착실히 정착되고 있다.

임금노동에서는 지금까지의 「시간」이라는 기준이 의미를 잃고 있다. 이러한 노동시간의 구조 변화는 시간단축이라는 문제에 대해서도 큰 영향을 미칠 것이다.

플렉스타임제는 시간에 구속받지 않는 대신 주어진 목표를 반드시 달성해야 하기 때문에 오히려 과중한 노동시간을 강요할 가능성이 있다. 따라서 1일 24시간 중 어느 정도를 생산노동에 분배할 것인가 하는 자기 시간 관리 능력이 요구된다.

그렇게 되면 1,800시간 노동이라 해도 기업에 따라 노동시간의 많고 적음은 개인의 자유재량사항이 될 것이다. 하루에 2시간 일하든지 12시간 일하든지 성과만이 중요시된다. 극단적으로 말하면 노동시간에 대해서는 개인에게 맡긴다는 것이다.

자유재량시간의 시대

앞에서 언급한 것과 같은 상황에서는 연간 1,800노동시간이 지침상의 틀을 만들었지만, 새로운 생활양식(life style)을 재는 척도로서는 그 의미의 중요성이 크게 후퇴하고 있다. 그리고 노동시간 및 여가시간에 대한 의식은 양의 문제에서 질의 문제로 확실하게 변화되고 있다.

그런 의미에서 1,800 노동시간이라는 정량적(定量的) 목표 대신에 자유재량시간이라는 정성적(定性的 : 물질의 성분을 정하는 것) 관점으로 문제가 옮겨지고 있다.

시간의 사용방법은 스스로 관리한다고 하지만, 이것은 그렇게 간단하지 않다. 일률적으로 노동이라 해도 직장에 구속되는 임금노동 외에도 가사, 육아 또는 노인 봉양이라는 노동도 있다. 또 지역활동이나 자원봉사활동도 있을 수 있다.

지금까지 논의되어온 1,800 노동시간이 의미하는 것은 그에 따라서 얻어지는 자유시간을 활용하는, 여유 있는 생활의 실현이었다. 그러나 일본은 현실적으로 이미 고령화 사회로 진입하고 있으므로, 가정에서 노인을 돌봐야 하기·때문에 여성의 가사노동은 감소하기는커녕 증가한다. 또 지금 이대로는 모든 것을 공적 부조에 의지할 수도 없기 때문에 지역활동이나 봉사활동의 필요성도 증가할 것이다. 게다가 취미 등을 할 수 있는 자유시간도 필요하다.

그렇다면 「1,800시간 노동으로 여유 있는 생활」을 즐기자는 것과는 정반대로, 임금을 얻는 노동시간을 1,800시간 정도로 묶어두지 않으면 이 모든 일을 도저히 해나갈 수가 없는 것이다. 게다가 「여유」까지 요구하게 되면 좀더 시간을 단축해야 한다.

따라서 앞으로의 바람직한 모습을 창조해가는 데는

먼저「자유재량시간 활용」에 기업, 직장, 지역사회, 가정 및 행정이 어떻게 대응해갈 것인가 하는 발상뿐만 아니라, 고령화 사회에서 바람직한 생활방식의 모습을 검토하고, 그것이 아울러 시간단축 달성에 결부된다는 발상도 필요할 것이다.

여행에 매료된 베테랑 호텔인

일 이외의 취미가 없는 사람과 그렇지 않은 사람과는 인생의 풍요함이 확실히 다를 것이다. 취미를 갖고 싶어하는 사람은 많이 있다. 또 여러 가지 취미생활을 상상하고 있는 사람도 많으리라 생각한다. 그러나 조금씩 뒤로 미루다 보면 결국은 시기를 놓치게 마련이다. 나중에 여건이 되어 하고 싶어했던 일을 한 사람도 많지만, 정작 그 시기에는 그렇게 재미있어하지 않는다. 욕구가 생긴 그 시점이야말로 적기인 것이다.

그러므로 나는 그러한 사람을 만나면 『지금 곧 시작하세요』라고 권장하고 있다. 자신이 좋아하는 일을 한다는 것은 즐겁다. 즐거우니까 또 하고 싶은 마음이 든다. 그렇게 되면 일하는 데도 힘이 난다. 게다가 취미를 통해 만난 사람은 오랫동안 사귀게 된다. 그리고 그러한 교류로부터 많은 것을 알게 되고 배우게 된다.

여기에서 굳이 취미의 효용을 설명하고자 하는 의도는 아니지만, 취미를 가지면 자기 스스로 시간을 만들어야 하기 때문에 먼저 시간관리를 철저히 해야만 한다. 일하는 시간, 가족과 지내는 시간, 그리고 자기 자신만의 취미시간 등을 잘 관리해야 한다.

나는 스키, 스쿠버 다이빙, 음악(혼자서 연주한다), 자전거 여행 등 취미가 다양하다. 이 때문에 시간관리를 잘 하지 않으면 안 된다. 앞에서 말했듯이 정보화 사회가 도래함에 따라 시간 사용 문제는 개개인의 재량에 맡기는 자유재량시간의 시대로 더욱 진전될 것이다. 그 때 이러한 시간관리 능력은 매우 중요한 요소가 된다.

게다가 취미를 가진 사람과의 대화는 실로 즐겁다. 호텔 오쿠라의 부사장인 하시모토 야스오(橋本保雄)는 일본뿐만 아니라 세계를 자전거로 달리는 인물이다. 1931년에 태어났다고 하니까 지금 60대 중반이다. 일본 청년회의소의 라이더스 클럽(riders club) 안에서 가장 연장자라고 자랑이다.

『청년회의소는 40세에 졸업이니까 졸업하고도 한참이 지났다. 그러나 현역을 포함한 그룹을 만들어 지금까지 자전거 타기를 계속하고 있다. 그러므로 내가 타는 한 젊은 사람들은 내 나이까지 타야 한다. 일단 목표가 생겨서 좋지 않은가?』

최근의 여행담을 들어보면 1985년 뮌헨, 1986년 멕시코, 1987년부터는 매년 유럽 각지를 구석구석 찾는다고 한다. 대단한 일이 아닐 수 없다.

취미도 수준급이지만 하시모토로 말하자면 호텔인으로서 또 서비스업의 대가로서 저명인사다. 그에게 교육을 받은 호텔인은 수를 헤아릴 수 없을 정도다. 그는 사람의 얼굴과 이름을 기억하는 특기를 살려 《명함은 밥줄이다》란 책을 내기도 했다.

하시모토에게 앞으로의 계획을 묻자, 『일본 내에서는 아직 규슈(九州)만 못 가봤기 때문에 꼭 그 곳을 여행해서 일본 전국 완주를 달성하고 싶다. 그러고 나서 호주, 미국에서….』

그의 꿈은 끝이 없다. 일에서의 현역(現役)이라기보다는 인생에서의 현역을 구가하고 있다.

불가사의(?)를 쫓아서

취미라는 말이 나오면 생각나는 사람이 하나 있다. 텔레비전에서 활약하고 있는 구스다 에리코(楠田枝里子)가 바로 그 사람이다. 그녀는 책도 집필하고 있기 때문에 상당히 바쁠 텐데도 시간을 내어 세계를 날아다니고 있다.

구스다의 취미의 열쇠는 「불가사의」다. 이상한 것을 접하면 이내 몰두하기 시작한다. 조사하고 연구하고, 결국에는 그 장소에 가서 현지답사를 한다. 구스다가 일생을 건 사업 가운데 하나로 10년 이상 계속 쫓아다니고 있는 것이, 「나스카의 지상화」라고 일컬어지는 남미의 페루 나스카 사막에 있는 불가사의한 유적이다.

『최초의 흥미는 마리아 라이헤였다. 유적 자체도 매우 불가사의하고 매력적인 것이었지만, 그 이상으로 그 유적에 매료되어 생애를 그 연구에 바치며 사막에서 사는 여인이 있다는 것이 나에게는 놀라운 일이었다. 그리고 어째서 이 여인은 이런 곳에서 오랫동안 연구를 계속하고 있는 것일까 등등… 라이헤라는 인물 자체에 여러 가지 의문이 솟구쳐 그 답을 찾아 헤맸다. 그리고 나스카에 날아가서 그녀를 만나게 되었던 것이다.』

이 이상한 일에 대해서는 그녀 자신의 저서 《나스카—사막의 왕국》이라는 책에 자세히 쓰여 있으므로 여러분도 꼭 읽어보라고 권하고 싶다.

『세계는 불가사의로 가득 차 있다고 생각한다. 나와 오마에 씨가 이렇게 이야기하고 있는 것도 불가사의하고… 그렇지만 불가사의한 것을 「이상하다」고 그냥 지나쳐 버렸다면 아무것도 시작되지 않았을 것이다. 불가사의한 영역으로 조금씩 나아가서 전부가 불가사의한 것이 아니라 「여기는 알 수 있을 듯하다」, 조금 더 한 발짝 앞으로 나아가서는 「여기까지는 안다」… 이런 식으로 하면 불가사의한 영역이 조금씩 자신 안에서 한정되어간다. 그러한 작업이 필요하다고 생각한 것이다.』

구스다는 불가사의한 세계를 쫓는 한편, 라이헤에게 현지답사용 차를 기부하기도 하면서 나스카의 유적이 환경오염으로 소멸되고 있는 것에 대해 자신이 할 수 있는 일에 대해 고민하고 있다.

구스다는 이과계 출신이어서 과학적인 해명에 흥미가 있는 것은 알지만, 그녀의 글은 사물이나 현상을 하나하나 이론적으로 되짚어가면서 독자들을 더욱 불가사의한 세계로 유혹하고 있다. 구스다야말로 불가사의한 매력이 있는 사람이다.

농사라도 지어볼까

또 한 명, 불가사의하다기보다 무척 부러운 삶을 살고 있는 사람이 있다. 수필가인 다마무라 도요오(玉村豊男)다.

처음에 그는 여행기나 음식 이야기 등을 중심으로 지적이고 재치가 풍부한 수필을 썼었다. 그런데 뜻밖에 나가노(長野)현의 농촌에 정착해서 그림을 그리기 시작하고, 얼마 안가 농사도 짓기 시작했다고 한다. 이것이야말로 본업과 취미가 구별되지 않는 생활인데, 본인은 매우 진지하게 그 생활을 즐기고 있다는 느낌이 들었다.

『지금은 생활의 에너지 대부분을 농사에 쏟고 있다.

그러나 돈벌이는 글을 쓰거나 강연을 해서 벌이들이는 것이 대부분이기 때문에 벌어들인 돈을 땅에 묻고 있다고 할 수 있다.』

『10년 전쯤에 아는 사람의 권유로 가루이자와(輕井澤)로 옮겼다. 그 무렵 때마침 팩스가 나와서 원고를 팩스로 보낼 수 있었다. 중요한 것은 어디에서든 일을 할 수 있다는 것이다.』

『일본인은 도시가 아니면 일을 할 수가 없다고 생각하는데, 가루이자와만 해도 차로 두세 시간 떨어진 거리밖에 안 된다. 도쿄의 교통정체만도 2시간 정도 족히 걸리니까 그런 의미에서 볼 경우 도시에서 벗어나 있어도 일은 할 수 있다고 생각한다.』

『수혈로 간염에 걸렸었는데, 치유될지 어떨지 알 수 없었다. 그 때 아내가 이대로 일도 하지 않은 채 빈둥빈둥 지내는 것보다 장래의 생활도 있으니까 농사를 지어 보는 게 어떻겠냐고 말을 꺼냈다. 그것도 좋은 생각이라 생각해서 가까운 농원에서 몇 년 동안 일을 도우면서 농사일을 익혔다. 그러다 보니 토지에 욕심이 생겨서 현재 이곳으로 옮기게 된 것이다.』

전에 다마무라의 책을 읽은 적이 있었는데, 그 중에

매우 재미있는 일화가 하나 실려 있었다.

처음 농사를 짓던 해 그는 가공용 토마토를 재배했다. 새빨갛고 예쁜 토마토의 꼭지를 따서 상자에 담았다. 그것을 농협에 가지고 가서 20kg 한 상자에 900엔을 받았다. 다른 사람들은 20~30상자였는데, 다마무라는 전부 4상자에 3,600엔에 불과했다.

그 후가 괴로웠다. 커피를 마시면 『아, 토마토 10kg이다』, 맥주를 마시면 『토마토 5kg』, 택시를 타면 『기본요금은 13kg, 미터기가 올라갈 때마다 2kg이다』라고 말하며 놀라워했다는 것이다. 더욱이 첫수확을 축하하는 자리에서 샴페인을 보고 『이 샴페인은 몇 kg이다』라고 말했다는 일화가 있다. 농부의 금전 감각을 잘 느낄 수 있는 이야기다.

진정한 농사꾼은 자유인

다음 이야기는 농업 문제에 관한 것이다.

『소비자는 몸에 해롭지 않은 안전한 야채를 싸게 구입하고 싶은데, 이런 무공해 야채는 농약을 사용하지 않으므로 수확량이 적어 비용이 많이 든다. 결국 이러한 야채는 비싸다.』

『일단 의리 때문에 농협에 출하하고 있지만 의욕적인 농가는 발벗고 나서서 어디라도 직접 산지직송을 하고 있다. 농협은 보통의 것으로 가격을 매겨 매매해주는 체제로 되어 있다. 이 때문에 지금 농협이 공동화(空洞化)되고 있다. 이것이 큰 문제다.』

『대량출하를 전제로 산지를 브랜드화해서 능률화를 꾀하는 것이 제일 좋은데, 야채 등은 이어짓기를 하면 병충해도 많아지고 생산량도 떨어진다. 따라서 농약을 다량으로 사용하지 않으면 안 된다. 악순환이 계속 되는 셈이다.』

『본래 맛있는 야채를 만드는 데는 우리처럼 취미로 농사를 짓는 것이 제일 좋지만, 그러면 수지가 맞지 않는다.』

『관광농원이다, 뭐다 해서 도시 사람들이 찾아오는 것이 솔직히 귀찮다. 좀더 체력을 단련해서 물 한 잔 마시고도 10시간씩 일할 수 있을 때 찾아와 주었으면 좋겠다.』

『일본의 농민은 쌀 농사를 지어도 가격이 결정되어 있기 때문에 농협에 출하시키면 그것으로 끝이다. 최근에는 농협에 출하시키지 않고 직접 매매하고 싶어하는 사람이 많이 증가하고 있지만, 원가계산을 통해 부대비용을 산출하고 고객을 확보하는 방법 등의 노하우가 전혀 없어 어려움이 많다.』

『농협은 확실히 농민의 가려운 데를 긁어주는 서비스를 제공해주지만, 일면 농협이 농가의 응석을 받아주는 부분도 없지 않다.』

　다음은 일본 농촌사회의 체험담이다.

『내가 지금 살고 있는 이 농촌에는 지난 30년 간 외지 사람이 아무도 없었다. 내가 30년 만에 처음으로 이 곳으로 온 사람이었다. 그러니까 모든 사람들이 소꿉동무처럼 잘 알고 지내는 형편이었다. 그래서인지 마을 사람들은 전화를 해도 이름을 말하지 않는다. 모두 목소리로 서로를 알 수 있었기 때문이었다. 그들은 타인이 다른 사고방식을 가지고 있다든가, 자신의 생각을 설명해야 한다든가, 마을의 관습을 모르는 사람이 존재하고 있다는 것 자체를 이해하지 못했다. 마찬가지로 자신들이 살고 있는 이 세계가 밖으로부터 어떻게 보이는지도 모르고, 그것을 설명해주는 말도 없었다. 마치 내가 딴 세계에서 온 것 같이 느껴졌다.』

『어느 날 갑자기 마을의 한 아이가 우리 집에 찾아와서는 손을 내밀었다. 무슨 일인가 하고 생각할 겨를도 없이「돈 좀 주세요」라고 말하는 것이었다. 그래서 무슨 돈이냐고 물었더니 축제의 기부금이라고 말했다. 그러한 일이라면 기꺼이 돈을 내지만, 갑자기 아이가 찾아와 손을 벌리니 알 수 없었다. 그런데 이 일이 마을에서 문제가 되었다. 아이가 돈을 달라는데 무슨 돈이냐고 물었다고 문제가 된 것이다.』

『그렇다고 해서 마을이 폐쇄적인 것은 아니다. 사람들은 나를 따뜻이 환대해 맞아준다. 다만, 관습이나 생활방식을 잘 모르는 데서 생기는 일인 것이다.』

다마무라가 실제 체험담을 말하면, 듣는 사람에겐 묘한 설득력이 있다.

이번에는 프랑스에서의 체험에서 나온 일본과 프랑스의 농정 비교론(農政比較論)이다.

『프랑스의 농촌 풍경은 거의 변함이 없다. 그 이유는 그 토지에 제일 알맞은 것밖에 심지 않기 때문이다. 소맥(小麥)은 해발 500m를 넘으면 잘 자라지 않기 때문에 목초지로 하듯이, 수확물에는 변함이 없다. 그런데 일본의 경우 추운 지역에서는 비닐하우스를 만들어 농사를 짓는다. 방침이 변하면 시설을 세워서 바꾼다. 항상 주먹구구식으로 농정이 변하니까 그 때마다 농촌 풍경도 변해 버린다. 본래 농업이라는 것은 안정되어 있어야 하기 때문에 농촌 풍경도 변하면 안 되는데, 일본은 곧잘 변하고 있다.』

마지막은 농업, 농가의 바람직한 모습이다.

『예를 들면 10여 채의 농가가 있어서 같은 토마토를 재배한다고 해도 만드는 방법을 물으면 각각 다르다. 그러므로 좋은 농산물을 재배하는 방법도 하나가 아니다. 정상에 오르는 길이 열 가지가 되는 것이 농업이다. 그런 의미에서 농사란 지금의 ○ ×식 교육과는 전혀 별개의 것인 셈이다.

농사를 짓는다는 것은 정말로 자유인만이 할 수 있는 일이라 생각한다. 실제로 농사를 짓고 있는 사람들은 모두 매력적이며 자유인들이다. 그러므로 농사를 짓는 사람은 본래는 가장 자유롭고, 직접 자연과 대치하는 독립의 기개를 지닌 인간이라고 생각한다.

그런데 산업사회에서는 농업이 가장 효율적 가치가 나쁜 거래이므로 좀처럼 현대와 잘 융합되지 않는다. 그 때문인지 본래의 모습과는 무척 다르게 잘못된 방향으로 가고 있다는 생각이 든다. 지금의 농업은 그 비효율적인 면을 역으로 가치 있게 만들어가지 않는 한, 근본적인 문제는 해결되지 않는다고 생각한다.』

다마무라의 말은 실제의 농촌생활에서 나온 경험을 말하고 있는데, 그 체험 자체가 뛰어난 일본론(日本論)이다.

　게이오 대학의 무라이 교수는 『정보는 인터넷으로 얻을 수 있지만, 경험에서 얻은 지식이나 지혜는 그 사람 개인의 능력이다』라고 말했는데, 다마무라도 그와 같은 경우다. 본업이자 취미라고 말할 수 있는 그의 농촌생활이 여러 가지 것을 제대로 볼 수 있게 하는 통찰력을 길러주는 것 같다.

10대에 하고 싶었던 것을
다시 시작할 때

하마 미에(浜美枝)를 떠올리면, 나에게는 007시리즈에서 본드 걸로 나왔을 때의 발랄한 여배우라는 이미지가 강하다.

그런데 만나보니 오히려 정치가를 꿈꾸고 있는 것이 아닌가 하는 생각이 들 정도로 여러 가지 일에 관심을 가지고 열심히 공부하고 또 실제로 행동으로 옮기는 것에 놀랐다.

그녀는 농업문제에서 유기농법, 농촌의 자연경관에 이르기까지 많은 관심을 가지고 있었으며, 일본의 풍토·문화에도 세심한 주의를 기울이고 있었다. 그리고 실제로 스스로 유기농법을 체험하면서 폐가를 이용해서 지은 집에서 살고 있었다. 지금은 마을만들기(민속촌)에도 큰 역할을 담당하고 있다.

『원래 농업이나 농촌, 그리고 그 배경에 있는 일본 문화에 관심이 있어서 젊었을 때부터 야외촬영 틈틈이 농촌을 답사했다. 결혼해서 아이를 낳고 30대에는 애들 키우느라 정신이 없었다. 그러고 나서 내 취미와 하고 싶은 일을 찾게 된 것은 40세에 접어들어서였다. 40세가 되어 아이들이 스스로 내 손을 빌리지 않고도 자신의 일을 할 수 있게 되었을 때, 내 인생을 뒤돌아보는 나만의 시간이 많아지고 나서였다. 그 때 나는 내 자신이 여배우로서 재능이나 능력이 뛰어나지 않다고 생각했고 연기에 대한 정열도 부족하다고 느꼈다. 그래서 나는 10대에 하고 싶어했던 것을 공부해서 도전해봐야겠다고 생각했던 것이다.』

40세에 자신의 인생을 한번 뒤돌아보고 10대, 20대 때의 취미나 관심을 본격적으로 다시 공부한다는 것이야말로 진정한 평생교육이다. 이렇듯 멋진 인생을 살고 있는 하마를 부러워하는 사람은 나만이 아닐 것이다.

이것은 앞서 말한 야기의 야쯔가타케 클럽과도 일맥

상통하는 점도 있는데, 일반 사람들에게도 잘 알려져 있는 야기나 하마의 생활방식이 사람들에게 미치는 영향은 매우 크다고 할 수 있다.

하마에게 영향을 받아 지방에서 생활해보려는 사람들이 많이 생겨나고 있다. 마찬가지로 이러한 현상은 미국에서도 일어나고 있다. 로버트 레드퍼드나 존 덴버 같은 유명인들이 도시를 떠나 자연환경이 좋은 전원에서 살기 시작하자 미국 전체의 분위기도 많이 변했다.

지방이라 해도 불편함을 느낄 수 없게끔 교통이나 생활환경이 잘 정비되어 있다는 점도 분위기를 일신시킨 한 가지 요소지만, 무엇보다도 그들의 행동이 사회 전체에 커다란 영향을 끼치고 있다는 것은 분명하다.

그런 의미에서 하마가 일본 농업의 문제점이나 농촌 생활, 또는 전통적인 풍습 등을 이야기하고, 실제로 그러한 문화를 지키려고 노력하는 모습은 사람들에게 많은 영향을 끼칠 것이라 생각한다.

하마는 이제 50대에 들어선 도시 사람들이 찾아올 수 있는 고향을 만들어보고 싶다고 말한다.

여유 있는 마음을 잃지 않는 자세는 생활과 인생을 변화시키는 도화선이 된다. 그러므로 하마의 이런 모습은 여유 있는 마음이 얼마나 인생을 풍요롭고 즐거운 것으로 만드는가 보여주는 좋은 예라 하겠다.

여유 있는 마음이 얼마나 인생을 풍요롭고 즐거운 것으로 만드는가 보여주는 좋은 예라 하겠다.

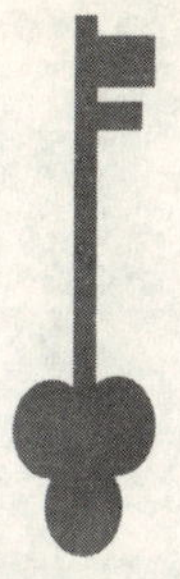

네번째 키워드

◆

글로벌 경쟁시대

일본인은 자유경쟁의 본질을 모른다

대부분의 일본인들은 외국인이 일본을 어떻게 보고 있는지 매우 궁금해한다. 그에 대한 증거로 외국인들이 쓴 일본론이 엄청나게 출간되고 있으며, 《세계 속의 일본인관(觀)》이라는 총해설서까지 나오고 있다.

그러나 한 마디로 일본론(日本論)이라고 말해도 그 내용은 많이 다르다. 초기의 일본론이 호의적이든 비판적이든 일본 이질론을 중심으로 씌여진 문화론이었던 것에 비해, 최근에는 일본 경제나 경영론 중심으로 이동하고 있다. 또 전자는 저자의 경험에 기초해 약간 자의적인 인상이나 이질적인 문화권에서 급속하게 대두해온 일본에 대한 위협이나 공포에 기초한 것이 많았지만, 최근의 일본론은 지극히 객관적인 자료에 기초해 평가되고 있다는 점에서 관심을 기울일 만한 저서가 많다.

피터 타스카가 쓴 《인사이드 저팬》, 《일본의 시대는 끝났는가》, 《일본은 되살아나는가》나 리처드 쿠의 《좋은 엔고 나쁜 엔고》 등은 일본 경제나 기업에 대해 정확한 평가와 비판을 했다는 점에서 내 자신도 크게 공감하고 있는 점이 많아 이러한 책이 베스트셀러가 되었을 때 그다지 놀라지 않았다.

그러나 한번 눈을 돌려서 가장 중요하다고 할 수 있는 정부나 행정부의 실제 대응을 보면, 세계를 상대로 해야 하는 앞으로의 경쟁시대에 걸맞은 대응을 하고 있다고는 볼 수 없다. 국제 경쟁력이라는 말은 세계 경제구조의 커다란 변화 속에서 일본을 좌우하는 중요한 열쇠이다. 『힘내라! 일본』이라고 아무리 목이 터져라 외친다 한들 대응할 수 있는 상황이 아닌 것이다.

타스카의 저서 《일본의 시대는 끝났는가》에 다음과 같은 구절이 있다.

가장 심각한 것은 기업이나 개인에 관계없이 일본

이 축적해온 풍요, 즉 부(富)가 스스로 붕괴하고 있다는 점이다. 최초의 충격은 은행이나 증권과 같은 금융기관에 집중된다. 주식시장의 폭락과 불량채권의 축적이 몇몇 종류의 금융기관을 경영 위기로 몰아넣게 될 것이다.

지금도 비은행 금융기관인 증권사·보험·신탁회사 등은 주거래은행의 힘으로 파산을 면하고 있다고 생각하는데, 그 비극적 파탄의 가능성은 아직 존재하고 있다.

은행은 현재 안고 있는 불량채권의 종류와 규모의 공표를 1년 간 연기했다. … 아마 1993년에도 이 같은 결정이 내려질 것이다. 왜냐하면 이 시점에서도 경제상태가 더 한층 악화되고 있기 때문이다. 당연히 관민(官民) 일체가 되어 상태를 더 이상 악화시키지 않도록 노력한다. 그러나 결국 중소 금융기관이 실질적으로 살아남기란 실로 어려울 정도로 상태는 더욱 악화되고 있다는 것을 인정하지 않을 수 없게 되고, 마침내 큰 규모의 금융기관이 중소 금융기관을 흡수·

합병하려고 나서게 된다. 그러나 지나치게 많은 문제점을 안고 있어 최종적으로는 보류되기가 일쑤다. … 만약 흡수·합병을 했다고 해도 어떤 대형 금융기관이라도 경영위기에 빠질 가능성이 있다. 따라서 최악의 경우에는 정부가 직접 개입할 수밖에 없다.

본질적으로 정책 당국과 금융기관은 문제를 감추거나 시장을 조작하는 경향이 있다. 그들은 누차『문제는 해결되었다. 이제 끝났다』라면서 사건을 은폐하려고 한다. 여기에는 시장에 안정감을 확산시키려는 의도가 짙게 깔려 있다. 그러나 대개 그럴 때일수록 정말 큰 문제가 대두된다.

경쟁력이 강한 금융기관은 참을성 있게 회복을 기다린다. 하지만 자산의 가치가 경제적으로 합리적인 수준까지 내려가지 않는 한, 시장의 회복 기미는 보이지 않는다. 게다가 대형 금융기관이 이렇게 시장회복을 기다리고 있는 것을 모든 사람들이 알고 있기 때문에 불량채권을 매각해서 처리하려 해도 사겠다는 사람이 나서지 않는다. 이렇게 해서 자동적으로 시장

의 회복에 대한 기대가 완전히 없어졌을 때 금융기관
은 불량채권을 매각해서 손실을 실현한다.

이 글은 1992년에 씌어진 것이다. 실로 정확하게 버
블경제의 붕괴를 예측하고 있다. 지금 대장성(大藏省 :
우리나라의 재정경제원에 해당)의 후회나 초조함과 비
교해보면「소 잃고 외양간 고치기」라는 말의 의미를 잘
알 수 있을 것이다.

공적 자금이라는 「마약」

얼마 전 타스카를 오랜만에 만났더니 수염을 기르고 있었다. 그 까닭을 물으니 일본의 주식시장이 회복될 때까지 자르지 않겠다고 말했다. 영국 사람도 미신을 믿나 보다.

그 때 일본 주식시장의 장기침체에 대해서는 시장관계자뿐만 아니라, 모든 사람이 무슨 좋은 방법이 없을까 하고 초초하게 지켜보았었다.

『주식시장의 회복 없이 일본 경기의 회복은 있을 수 없다』라고 타스카는 말했다. 타스카가 증권회사의 임원이기 때문에 그렇게 말한 것이 아니다. 그것은 경제상식이다.

정부나 일본은행은 버블경제 붕괴 이후의 불황에 대해 필요한 대책을 강구해왔다고 주장하고 있지만, 그 효과가 없었다는 사실은 주식시장이 장기간에 걸쳐서 침체되어 있었고 회복의 기미를 보이지 않았다는 것으로 증명된다.

투자가는 각 기업의 수익(收益) 능력에 대해 주식투자를 하는 것이며, 이 불황기에 수익능력이 개선되어 그 징조가 나타나기 시작하면 구매자가 나타나 자금은 시장으로 되돌려진다. 그것이 없다는 의미는 기업에게 개선의 여지가 없다는 말밖에 되지 않는다.

『일본 기업에서의 리스트럭처링이란 서구의 감원과는 조금 다르다. 본래 리스트럭처링이란 사업의 전반적인 상황을 재검토함으로써 버릴 것은 버리고 불필요한 인원은 해고하는 발본적인 사업의 재구축을 말한다. 그런데 일본은 그렇게 하고 싶어도 할 수가 없다. 일본에서는 리스트럭처링이라는 것을 사원을 다른 곳으로 내보낸다든가 잔업을 하지 않는다든가, 비용삭감책으로밖에 이용하지 않는다.』

타스카는 본래 의미의 리스트럭처링(구조재조정)을 일본 기업이 단행하지 못하는 이유를 밝히지 않았지만, 그 원인이 일본의 정계, 관계, 재계로부터의 오랜 간섭과 의존 때문이라는 것을 훤히 알고 있다.

예를 들어, 어떤 대기업이 본격적으로 리스트럭처링을 단행하기 위해 소유하고 있는 토지나 빌딩 등의 부동산 및 주식 등을 팔려고 하면 대장성으로부터 즉시 전화가 걸려온다.

감원을 하려 하면 이번에는 노동성(勞働省 : 우리나라의 노동부)에서 개입한다. 게다가 언론에서는 감원을 마치 비도덕적인 행위처럼 다루기 시작한다.

그러므로 기업 경영자는 아무것도 할 수 없고, 사실 아무것도 하려 하지 않는다. 정부와 관계부처에서 기업이 파산하지 않도록 지켜주니 대수롭지 않게 여긴다. 실제로 기업의 자산가치가 하락해 파산직전까지 가면 정부가 공적 자금으로 주식 매각을 지원해주어 주가의 하락을 방지해 주는, 선진국으로서는 생각할 수 없는 일이 일본에서는 행해지고 있다.

『공적 자금이 시세에 어느 정도 개입되어 있는지, 어느 정도 영향을 미치는지는 공개되어 있지 않아서 전연 알 수 없다. 그러나 이는 시세에서는 마약 같은 것으로 일시적인 고통을 덜어주기 위해 사용한 조치지만, 결국은 거기에서 헤어나올 수 없게 되어 파산으로 치닫는 꼴이 되고 말았다.』

　타스카는 「마약」이라 말했지만 공적 자금은 이른바 국민의 돈인 것이다. 그 돈을 제멋대로 사용하고 있는 것이다. 시세 유지를 위해 투자 전문가라면 절대로 손을 대지 않는 수준의 시세에 자금을 밀어 넣는다. 어떻게 이런 일이 허용될 수 있단 말인가?

　쉽게 말하면 주식 가격이란 기업이 벌어들인 연간 이익의 누적일 뿐이다. 시세는 대략 연간 이익의 여덟 배 정도다. 독일 또한 그렇다. 미국에서는 그 두 배 정도다. 그에 비해 일본은 그 열 배 정도를 유지하고 있다. 도저히 기업의 실력으로 유지될 수 없는 수준이다. 비전문가로서는 절대로 손을 댈 수 없는 관리 시세가 되어버린 것이다.

　『이러한 이유에서, 아이러니컬하게도 이 공적 자금의 도입으로 증권업계는 매우 괴로워하고 있고 경기회복의 출구도 보이지 않는 것이다.』

　타스카의 지적은 자유경쟁경제의 원칙에서 말하면 당연한 이야기다. 그리고 실제로도 매우 이상한 방향으로 나아가고 있는 게 사실이다.

국민을 신용하지 않는 정부

자유경제 시장원리에서는 경쟁력이 있어야 살아 남는다는 것이 원칙이다. 시장에서 실패한다면 그 고통은 클 것이다. 어떤 사람은 실패를 교훈으로 해서 또 다시 새로운 도전을 한다. 반면에 어떤 사람은 그 고통에서 빠져 나오지 못하고 결국 파산하게 된다.

일본은 버블 붕괴로 인해 고통스러운 상황에 빠졌는데도 이러한 실패를 모두가 감싸주고 있다. 아니 반대로, 실패한 사람들의 논리로 인해 정상적인 사고를 할 수 없게 되어버린다. 그리고 실패한 일이 아무렇지도 않게 여겨지게 될 것이다.

계속 이런 식으로 진행되면, 성실하게 노력하기보다 알맞은 정도로 실패하는 쪽이 더 좋다라는 나쁜 교훈을 후세에 남기게 된다. 그리고 실패 계산서는 우리 국민들에게로 돌아간다. 이런 기가 막힌 일이 또 있을까.

그렇지만 정부뿐만 아니라 해당 피해자인 국민들까지도 회사가 파산을 해서 실업자가 대량으로 유출되는 것은 곤란하다고 말한다.

내가 전에도 말해왔지만 국제 경쟁력이 없는 기업은 파산해도 방법이 없다. 그 결과 실업자가 나와도 좋다. 그러한 실업자는 지금이라도 좋은 인재를 채용하고 싶었지만 채용할 수 없었던 성장성이 있는 기업이 흡수할 수도 있고, 또는 실업자 가운데는 벤처 기업가로서 독립하거나 새로운 기술을 새롭게 익히는 사람도 등장하게 될 것이므로 걱정할 필요가 없다고 생각한다.

미국이나 영국도 1980년대에 대량 실업자 문제로 고민했지만 그러한 고민을 겪고 나서 더욱 건실하고 튼튼한 회사들이 생겨나 발전하고 있다.

사실 일본은 석유 파동이라는 위기를 맞이했을 때에는 에너지 절약형 체질로 멋지게 변신했고, 10년 전의 엔고 불황기에는 철강과 조선업계에서 리스트럭처링을 단행해 국제 경쟁력을 회복했다.

『일본 정부가 일본 국민이나 일본의 경쟁력에 자신감을 갖고 있지 못한 건 아닌가 의심스럽다.』 타스카는 그렇게 말했으며 나도 그에 동감한다.

확실히 버블경제의 붕괴는 대단한 사건이긴 하지만, 만약 일본인의 능력을 믿고 일본의 생명력을 믿는다면, 정부도 기업도 세계의 경제상식으로는 생각할 수 없는 지금 같은 미온적인 행동을 취해서는 안 된다.

그러한 행동은 전후 계속되어온 정(政)·관(官)·재(財)에 의한 호송선단 방식이 아직도 통용된다는 환상을 지금까지 가지고 있기 때문이라고밖에 생각할 수 없다.

물론 이 이상한 일본의 행동에 대해서는 세계 각국에서도 의문을 제기하고 있다. 지금의 일본은 자본주의원리 그 자체에 대해 다시 한번 생각해봐야 할 때다.

유서 깊은 대기업이 무너진다

타스카도 지적했지만 일본 내 기업의 수는 유럽에 비해 많고, 일본경제의 실태는 중소기업 경제 위주로 짜여 있다.

『일본 기업의 수익성을 조사해보면 재미있는 현상을 발견할 수 있다. 그것은 회사가 젊을수록 수익성이 높다는 사실이다. 이 불황기에 분발하고 있는 것은 설립한 지 10년 정도밖에 안 된 기업이다. 20, 30년 된 기업도 그다지 수지가 좋다고 볼 수는 없다. 기업수지가 가장 나쁜 것은 전쟁 전부터 있었던 기업이다. 역사가 오래된 대기업일수록 자산은 있지만 수익 면에서는 보잘것없다. 자산에 의존해서 수익성을 중시하지 않는 경향이 있기 때문인 것 같다.』

타스카의 지적은 앞으로 일본이 나아가야 할 방향을 잘 나타내주고 있다.

즉 경제가 한창 상승세를 탈 경우 자산을 가지고 있는 대기업은 별다른 노력을 기울이지 않아도 자산 가치가 올라갔었다. 그리고 그것을 담보로 대출을 받아 재차 투자나 투기에 몰두한 것이 1980년대의 일이다. 그런데 버블 붕괴로 자산은 단숨에 반감하고 대출 상환금만 남게 되었다. 그런데 자산의 매각은 정부가 금하고 있다. 따라서 자산이 줄어드는 것을 멈추게 해달라고 정부에 압력을 넣게 되는 것이다.

그러나 세계 산업구조는 대변환을 겪고 있다. 이로 인해 대기업이 곧 우량기업이었던 시대에서 수익성이 높은 기업, 정말로 사람들이 갖고 싶어하는 물건과 서비스를 제공하는 기업이 우량기업인 시대로 바뀌었다. 기업은 이러한 변화의 흐름을 인식하지 않으면 안 된다.

인터메스틱 시대

　인터메스틱(intermestic)이라는 말이 미국에서 빈번하게 사용된 것은 이미 20년도 더 지난 일이다.

　인터내셔널(international)과 도메스틱(domestic)을 합친 이 말은 미국의 국내문제가 바로 국제문제로, 또는 국제문제가 국내문제로 대두된다는 의미로, 「인터메스틱 시대(intermestic age)」라는 선전문구로 곧잘 사용되었다.

　당시는 1971년 닉슨 대통령 집권 아래, 이른바 달러 쇼크 시대로서 그때까지의 고정상장제(固定相場制)가 변동상장제(變動相場制)로 이행되었다. 그리고 1973년에는 OPEC의 주도로 오일 쇼크가 세계를 진동케 해서 바야흐로 인터메스틱 시대의 도래를 예고하는 사건이 연달아 일어난 시대였다.

일본에 처음으로 이 말을 소개한 인물은 당시 〈아사히신문(朝日新聞)〉의 논설위원장이었던 기시다 준노스케(岸田純之助)였던 것으로 기억하는데, 이 말은 일본에서 거의 사용되지 않았다.

그러나 오늘날 이 인터메스틱의 의미는 일본의 경제력이 증가하고 국제적 역할이 증대함에 따라 새롭게 대두되고 있다.

하지만 현재의 일본에 그 대응능력이 있는지 생각해보면, 일본 개개인의 자질이나 능력도 부족하지만 일본 전체의 시스템이나 기구에 관해서도 도저히 낙관할 수 있는 상황이 아니다.

예를 들면 총리나 관료의 국회답변 또는 기자회견에서의 부주의한 발언이 그 날 안으로 국제문제로 부각되어 그 때마다 『진의가 잘못 전달되었다』라고 해명하거나 유감의 뜻을 표명하는 경우가 빈번하다. 이러한 모습에서 정치가로서의 시대인식이 결여되어 있는 것은 아닌가 하는 의구심뿐만 아니라, 그의 자질과 능력까지도 의

심하는 것은 나만이 아닐 것이다.

더욱이 이것이 경제문제가 되면 이 인터메스틱의 중요도는 더 현저하게 나타난다.

환시세 문제, 주가, 무역 자유화 문제 등 하나하나가 국내문제이면서 동시에 국제문제이고 외교문제다. 또 이제 정치와 경제는 일체화되어 정치문제는 경제문제로 이어지고, 경제문제는 즉시 정치문제로 전환된다.

이러한 인식을 일본과 일본인은 어느 정도 갖고 있을까? 『국제화 시대다』, 『정보화 시대다』 하고 외치기만 했지, 이러한 시대를 맞이하는 대응능력은 옛날과 하나도 변한 것이 없다.

세계에 시장을 개방할 수 있는 힘

인터메스틱 시대는 역시 미·일 관계를 살펴보면 보다 분명히 느낄 수 있다. 예를 들면 미국의 경제정책이 일본 경제에 미치는 영향은 가장 최근에 경험한 초 엔고 현상을 살펴보면 알 수 있다.

리처드 쿠는 다음과 같이 예리하게 지적하고 있다.

『지난번 엔화의 강세, 달러화의 약세는 일본으로서는 큰 문제였다. 100엔을 기준으로 90엔, 80엔 등으로 엔고가 계속되면 일본은 속수무책인 상황이 되고 만다. 그러나 미국에서는 아무런 문제도 일어나지 않았다. 예를 들어, 미국의 수입 물가 하나만 봐도 과거 15년 동안 연간 상승률은 불과 1%였다. 그러므로 미국의 처지에서 보면 달러의 가치가 하락해도 인플레는 일어나지 않기 때문에 문제될 게 없다.

일본은 엔고 문제를 미국의 경제정책 때문이라고 탓하지만 미국의 물가는 일본보다 싸다. 그러면 엔고가 되어서 일본의 수입물가가 내려갔는가 하면 그렇지도 않았다. 엔고가 되어도 일본에서는 아무것도 살 수 없다. 유일하게 살 수 있는 것이 달러다. 결국 엔과 달러 중에서 엔이 휴지조각이 되어버린 셈이다.

일본 정부는 미국 당국에 대해 이 엔고 현상을 막아달라고 교섭을 했다. 이 시점에서 경제와 정치의 힘 관계가 역전한다. 경제적으로 보면 일본은 무역 흑자국이고 미국은 적자국으로 일본이 강하게 보이지만, 정치적으로는 반대가 되어 미국 쪽이 압도적으로 강하다.

어떻게 이러한 역전이 일어났는가? 정치적으로는 시장을 제공하고 있는 쪽이 절대적으로 강한 지위에 서기 때문이다.』

이렇듯 시장을 제공하고 시장을 세계에 개방하는 것이 국제적으로 신뢰를 얻고, 또 정치적으로도 주장을 강력하게 관철시킬 수 있다는 사실을 일본은 모르고 있다.

　일본은 전후 미국 시장에 물건을 팔아서 성장해왔다. 미국 시장을 확보하기 위해 국내보다 싼 가격으로 팔아왔다. 일본이 그랬듯이 현재는 한국이나 대만 역시 싼 가격으로 미국 시장에 진출하고 있다.

　미국의 강점은 세계 곳곳의 여러 나라로 하여금 미국 시장에 수출을 해서 자국민을 먹여 살릴 수 있도록 해주는, 가장 큰 시장을 갖고 있다는 것이다.

　냉전시대의 소련은 미국과 여러 분야에서 경쟁을 했지만, 소련이 미국을 따라잡을 수 없었던 이유는 세계에 시장을 제공할 수 없었기 때문이었다. 소련 붕괴 후에는 그 소련조차도 미국 시장에 의존하지 않을 수 없게 되었다.

　일본이 앞으로 세계 속에서 신뢰를 얻고 정치적인 발언권을 얻으려면, 우선 시장개방을 하고 그 시장을 세계에 제공해야 할 것이다.

　냉전구조가 끝나고 세계의 정치·경제·사회가 그야말로 인터메스틱 시대가 되고 있는 지금, 일본의 국익은 패러다임의 대전환을 꾀하지 않으면 안 된다.

　쿠도『일본의 경제대책은 발전도상국 상태다』라고 냉철히 비판하고 있다. 사실 그 때문에 고통을 받고 있는 것은 우리 국민들 자신이다.

변화된 국익의 패러다임

세계에는 두 종류의 국가가 있다. 하나는 수출 경쟁력을 갖추고 시장개방을 하고 있는 나라로, 이 나라를 선진국이라 한다. 또 하나는 수출 경쟁력이 없어 시장을 개방하고 있지 않는 나라, 이 나라를 개발도상국이라 부르고 있다. 개발도상국은 충분한 외화를 벌어들일 수 없기 때문에 시장을 폐쇄하고 한정된 외화를 유효 적절히 사용하려 한다.

그리고 조금씩 수출산업을 키워 국제경쟁력을 갖추어 외화를 벌어들이기 시작하고, 무역수지도 흑자로 되어간다. 흑자가 된 후에도 시장을 개방하지 않으면 통화는 계속 올라간다. 수입 장벽은 외화 수요를 억제하기 위해 필요했었지만, 흑자가 되면 이번에는 그 반대의 효과가 나타난다.

엔고는 이와 같은 상황에서 일어났다. 그러므로 수입장벽을 철폐하지 않으면 일본의 우수한 수출산업이 타격을 입게 되는 것이다.

스스로 자신의 목을 매는 결과가 된다. 미국도 독일도 이와 같은 과정을 거쳐왔는데, 일본만이 아직도 모르고 있는 것이다.

따라서 쿠는 일본의 엔고를 「나쁜 엔고」라고 평하는 것이다. 그런데 쿠는 역으로 일본의 경제학자나 관료들로부터 비난을 받고 있다고 한다. 마치 쿠가 엔고를 조장한 것처럼 말하기도 한다고 한다.

『그 동안 일본 경제는 지나치게 잘 운영되었다. 따라서 이번에는 시장개방을 해야 할 시기가 되었는데, 그것을 할 수 없게 되었다.』

약간 동정적이지만 나로서는 정치적 지도력을 겸비한 정치가가 없기 때문이라고 생각하고 있다. 왜냐하면 대만은 무역흑자를 기록하고 외화를 축적해놓은 시점에서 외화정책을 전환했는데, 그런 의미에서는 일본보다 시장개방이 먼저 진행된 셈이다.

리더십은 책임을 가지고 정책을 단행할 뿐만 아니라 먼저 국민의 능력을 신용하는 것이다. 그런 점에서 일본의 정치가 중에는 리더십을 발휘하는 인재가 없다.

그리고 일본 매스컴은 국익의 패러다임이 이미 전환되었다는 사실을 아직 모르고 있는 것 같다. 이러한 점은 미·일 교섭에 관한 기사에서 자주 엿볼 수 있는데, 이를테면 자유화에 대해「일본 전면 항복」,「일본은 매우 괴로운 처지에 처해 있다」등등의 뉴스 기사가 그 증거다.

누가 괴로운 처지에 빠져 있는가? 소비자인가? 소비자는 값싼 상품이 들어오니까 오히려 기뻐하고 있다. 그러면 누가 곤경에 처해 있단 말인가?

그것은 경쟁력을 상실한 산업에 종사하고 있는 관계자들로, 이들은 전국의 인구 중 극히 일부분에 지나지 않는 사람들이다.

이들을 위해 보조금 명목으로 세금이 사용되고 있다. 자유화의 영향으로 가격이 하락했느냐 하면 그렇지도 않다. 뿐만 아니라 정말로 고생해서 국제경쟁력을 갖춘 산업으로 성장한 기업까지 엔고로 괴로워하고 있다. 이런 우스운 일이 어디에 있단 말인가?

쌀 수입자유화 문제 등은 가장 두드러진 예다. 겨우 30~40만 t의 쌀을 수입하기 위해 매년 1조 엔의 보조금을 낸다고 한다. 그것이 농업의 경쟁력을 증대시키기 위해서 사용된다면 그런 대로 참을 만한 일이지만, 실제로는 단순한 뇌물이나 접대용일 따름이다. 일관된 농업정책이 전무한 상태이기 없기 때문에 납세자는 엎친 데 덮친 격이 된다.

엔고 현상을 시정하기 위해 일본은행은 환시세에 개입해서 달러를 산다. 미국의 처지에서 본다면 이만큼 좋은 경우는 없다. 아무리 달러를 찍어내도 일본이 사줄 테니까 말이다. 일본은행의 환시세 개입으로 초래되는 손해는 결국 국민의 몫이므로 국민의 자산이 줄어드는 손해를 자초하는 꼴이다.

주가를 유지하기 위해 실시하는, 투자에 의한 매매 지원도 생각해보면 위험성이 높은 주식에 세금을 투자하고 있는 것이므로 일본 국민들은 대단한 호인인 셈이다.

국민의 희생을 담보로 일본 경제가 호전된다면야 바

람직한 일이지만, 타스카가 지적했듯이 오히려 일본 경제를 악화시키고 국제적 신용을 떨어뜨린다면 대장성이나 일본은행이 아무리 이에 대해 해명한다 해도 용납될 수 없는 것이다.

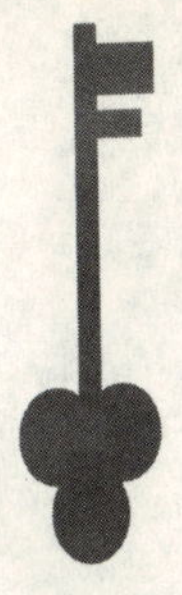

다섯번째 키워드

◆

정보발신 시스템

전통·문화의 사라져가는 운명

『일본은 얼굴이 보이지 않는 나라다』라는 말을 곧잘 들어왔다. 「이코노믹 애니멀(경제적 동물)」이라는 험담도 들었지만 이제는 다 옛날 얘기가 되었다. 하지만 아직도 일본은 물건과 돈밖에 모른다는 비난이 계속 이어지고 있다.

그 배경에는 다음과 같은 비판이 포함되어 있다. 즉 『일본은 물건을 수출만 한다. 그런데 그 제품에 일본이라는 나라의 문화—최근 자주 사용되고 있는 말로 표현하자면 아이덴티티(identity)—가 느껴지지 않는다.』

예를 들면 일본이 자랑하는 자동차산업을 살펴보자.

미국, 독일, 프랑스, 이탈리아에서 생산한 차에는 디자인, 설계, 사상 등 독특한 전통과 문화가 살아 있다. 그러나 일본 차에는 그처럼 확고한 문화적 배경이 느껴지지 않는다. 그 대신 각 나라의 차를 흉내내고 오직 성능, 품질만을 추구하면서 세계에 계속 팔아대는 것으로 비치고 있다.

일본 사람들이 이 말을 듣는다면 매우 어처구니없다고 느낄 것이다. 그들은 일본의 전통·문화가 서구의 경우와 비교해도 결코 뒤지지 않는다고 자부하고 있다. 그러므로 만약 그러한 비판이 있다면 그것은 오해이므로 해명해야 한다고 생각한다.

일본은 물건만 수출하는 것이 아니라 문화도 수출하고 있다. 예컨대, 세계에 일본을 이해시키기 위해 정부는 원조와 지원을 아끼지 않고 있으며 스모나 가부키의 해외공연도 자주 열고 있다. 이러한 공연이 해외에서 인기를 얻고 화제가 되면 『어떠냐? 일본의 전통문화가…』 하고 의기 양양해 한다.

일본이 지금 물건뿐만 아니라 문화라는 소프트웨어도 세계로 수출해야 하는 것은 분명한 이치다. 그러나 이때 가부키나 노(能 : 일본의 고전 연극)와 같은 일본의 독자적인 전통예술만을 떠올린다면, 그것은 문화에 대한 인식이 잘못된 것이다.

작곡가인 사이구사 나리아키(三枝成彰)는 이런 말을 했다.

『수십 년 후에는 세계의 민족 의상이나 민족 음악이라는 것이 기본적으로 존재하지 않을 것이다. 노는 1995년 4월부터 학교 수업에서 제외되었다. 게다가 전통음악 프로그램은 민영방송에서 아예 자취를 감추었고, NHK 교육 텔레비전에서 불과 몇 시간, FM 방송에서 주 2, 3시간밖에 방송하고 있지 않다. 일본의 전통, 문화는 점점 사람들로부터 외면당하고 있으며 서서히 사라져 간다. 유감스러운 일이지만 이러한 것이 문화일지도 모른다.』

확실히 우리 일본인은 실로 많은 전통, 문화를 잃어가고 있다. 특히 메이지 개국 이후에는 극단적인 서구화 정책으로 인해 일본의 문화는 급격히 쇠퇴하고 있다. 그리고 언제부터인가 후계자를 잃어버리고, 과거의 역사 속으로 묻혀지고 있는 것이다.

이러한 현상은 일본뿐만 아니라 한국이나 중국, 동남아시아의 여러 나라 등 서구 이외의 나라의 문화가 겪는 운명이라고 사이구사는 말한다.

『세계문화의 기본적인 규칙이나 약속은 모두 서구에서 결정되고 있다. 이는 서구의 문화가 우수해서가 아니라, 역사의 사실로서 그렇게 되고 있는 것이다. 이것을 확실하게 인식해두지 않으면 일본의 문화 등은 언제까지나 인정받을 수 없게 된다.

예를 들면 엔카(트롯 풍의 유행가)를 일본의 독특한 음악이라고 하는 사람이 있는데, 엔카는 완전한 서양음악이다. 악기는 기타, 베이스, 드럼, 색소폰 등으로 이루어져 있고, 코드 네임이 붙고 악보가 있다. 일본에서 히트한 〈북쪽의 여관에서〉라는 엔카가 있는데, 그 멜로디는 쇼팽의 피아노 콘체르토 1번의 1악장을 그대로 베낀 것이다. 다만, 정서만이 일본적이다.

음악 이외의 것, 양복을 봐도 미야케 잇세이(三宅一生), 다카다 겐조(高田賢三)는 일본 옷을 디자인하고 있는 것이 아니다. 즉 세계 사람들이 이해할 수 있는 문화라면 서구 문화가 기본으로 되어 있어야 한다는 것이다. 분모는 「서구(西歐)」, 분자에 그 나라의 「정서」를 어느 만큼 담을 수 있는가가 그 나라 문화의 척도가 된다.』

적어도 노나 전통음악과 같은 종류의 문화를 해외에 아무리 소개하더라도 역사적 또는 문화 지리학적·문화 인류학적인 관심을 불러일으킬 뿐, 문화로서의 일본 연극이나 음악을 그들에게 이해시킬 수는 없을 것이다.

잇세이와 겐조가 세계에서 평가받고 있는 것도 공통분모 위에 있는 분자로서 일본 문화를 보여주기 때문일 것이다. 마찬가지로 가부키의 이치카와 엔노스케(市川猿之助)가 셰익스피어극을 연출해서 높은 평가를 받은 것도 같은 이유에서다. 그에 따라서 일본의 가부키 그 자체가 아니라 가부키가 지닌 정신문화로서의 보편성이 평가받는 것이라고 생각한다.

세제를 고쳐 문화국가로 진입

서양문화에 대해 말하면, 일본은 최대의 수입국일 것이다. 세계의 톱 아티스트들이 연일 일본을 찾아온다. 이 사실으로만 봐도 일본은 부자이고 문화국가처럼 보인다.

그러나 정말로 일본인은 문화적으로 성숙되어 있는 것일까? 성악가인 시마다 유코(島田祐子)로부터 다음과 같은 말을 들으면 부자일지는 모르지만, 문화적으로 풍요한 나라라고는 여겨지지 않는다.

『빈 국립오페라단이 일본에 왔을 때 가장 비싼 좌석이 한 장에 6만 5,000엔이었다. 그래도 이것은 싼 셈이었다. 오케스트라, 합창단, 가수, 지휘자, 거기에 도구, 의상, 단원들의 비행기 값, 호텔비, 식사비, 그것을 전부 합하면, 입장료를 1인당 6만 5,000엔이 아니라 65만 엔으로 해야 적당했다. 스폰서 덕분에 그나마 10분의 1로 줄어든 것이다.

덧붙여서 말하면 일본의 오페라는 1회 공연에 비용이 6,000만 엔 든다. 국가와 스폰서로부터 조금씩 원조를 받아서 입장권은 대개 1만 5,000엔에 판매된다. 그런데도 2,000만 엔이나 적자를 내고 있다. 게다가 제일 중요한 오페라 가수의 출연료는 겨우 3만 엔이다. 한 달씩이나 연습했는데도 말이다….』

해외의 실태는 어떨까?

『메트로 폴리스탄 오페라에는 혼자서 연간 5억 엔을 기부하고 있는 여성이 있다. 3억 엔, 2억 엔, 1억 엔씩 내는 사람도 많이 있어 메트로 폴리스탄은 그 기부금으로 유지되고 있는 셈이다. 물론 기업도 기부금을 내고 있다. 최대의 스폰서는 텍사코 회사로서 몇억 엔을 낸다고 한다.

일본은 니키가이(二期會)의 최대 스폰서가 연간 200만 엔을 기부금으로 내고 있어 그 규모가 서구와 무척 다르다. 이렇듯 문화에 대한 인식의 차이가 있다.』

이런 상황에서 과연 일본이 문화국가라고 세계에 자랑할 수 있을까? 또 입장료는 국민들이 문화를 친숙하게 부담 없이 접할 수 있는 적절한 가격인가? 적어도 구미(歐美)에서는 일본의 3분의 1에서 5분의 1 정도에 불과하다.

이러한 상황에 대해 먼저 국가가 원조를 해야 한다는 의견도 있지만, 나는 그 반대다. 국가가 돈을 지원해주기 시작하면 여러 가지 규제가 따른다. 자격 문제라든지, 국적 문제 등을 문제 삼아 간섭을 하기 시작한다.

게다가 원조금이라고 해도 따지고 보면 국민이 낸 세금이다. 일부 팬들을 위해 국민의 세금을 사용한다는 것은 반감을 불러일으킬 소지가 있다. 그렇기 때문에 민간인 중에서 뜻 있는 사람이 여러모로 지원하는 것이 문화를 활성화시키는 데 훨씬 좋은 방법이다.

국가가 지원해야 할 부분은 문화 활동에 대한 개인이나 단체의 기부에 대해 대폭적인 면세조치를 취하는 것이다.

현행 세제(稅制)에서는 기부를 하더라도 과세가 된다. 사회적으로 가치 있는 일을 한다고 해도 일본의 세금제도는 아무런 혜택도 주지 않을 뿐더러, 그러한 사상적 기반도 갖고 있지 않다. 그에 비해 미국에서는 모두 면세가 된다. 그러므로 기부금도 잘 모아지는 것이다.

　세제를 조금만 변화시키더라도 일본의 문화 상황은 반드시 좋아질 것이다. 정치가도 자신의 정치자금의 면세만을 생각할 것이 아니라, 세계에 대해 문화국가로서 자부심을 가질 수 있을 정도로 환경을 만드는데 신경 썼으면 하는 바람이다.

문화를 전파한다

독일에 부임한 통산성(通産生 : 우리나라의 통상산업부) 관료의 자녀가 초등학교에서 같은 반 아이들이 전혀 말을 걸어주지 않고 따돌림을 당하고 있었다고 한다.

어느 날 이웃 마을에 오자와 세이지(小澤征爾)가 베를린 필을 이끌고 공연하러 왔다. 그랬더니 그 다음 날부터 반 친구들 모두가 말을 걸어오기 시작했다고 한다. 베를린 필을 지휘하는 것으로 보아 일본인도 훌륭한 민족이라 생각했다는 것이다.

그 일로 인해 아이의 아버지인 관료는 충격을 받았다고 한다. 그는 통산성 관료이기 때문에 일본의 제품 수

출에만 매달려왔다. 아무리 싸고 좋은 상품을 만들어도 세계로부터 비판만 받았지 호평은 거의 받지 못했다고 한다.

그런데 한 사람의 일본인이 베를린 필을 지휘한 덕택으로 일본인 전체가 호평받았다는 것에 충격을 받았다고 한다.

이처럼 문화라고 하는 것은 존경의 대상이 될 수 있다.

확실히 사이구사가 말한 대로 일본은 메이지유신으로 지금까지 성숙해온 일본문화를 버리고, 국책으로 서구문화를 적극적으로 받아들여 모방해왔을지도 모른다. 그러한 흐름이 현재에도 계속되고 있다.

서구와 일본을 시간적으로 비교하면 어른과 아이다. 일본은 유치원 수준밖에 되지 않는다. 또 일본의 독자적인 문화는 버렸기 때문에 정보로서의 문화를 보여줄 수 없다. 문화가 없는 나라처럼 보이는 것도 당연하다고 사이구사는 말한다.

『예를 들면 일본인은 국제 음악 콩쿠르에서 무수히 상위권에 입상하고 있다. 그렇지만 그 사람들의 10년 후를 보면 전혀 나아진 것이 없다. 왜 그럴까? 일본인은 서구 사람처럼 연주하려고 한다. 일본인임을 버리려 한다. 그런데 같은 아시아라도 한국인이나 중국인은 자신들의 문화를 인식하고 있기 때문에, 모차르트를 연주해도 한국풍, 중국풍 모차르트가 된다. 서구인이 그들의 음악을 들으면 독특한 문화로 들린다.』

나도 동감한다. 일본 고유의 문화는 메이지와 함께 사라져버린 것일까? 문화가 역사적인 흐름 속에서 축적된 정신에 있다고 한다면, 정책 때문에 간단하게 소실되지는 않을 것이다. 형태가 있는 전통문화는 소실될 가능성이 높다. 그리고 실제로 소실되고 있는 상황이다. 그러나 일본 고유의 정신문화는 의연히 명맥을 유지하고 있다고 나는 생각한다.

그렇게 생각하면 일본 문화를 밖으로 표출하지 않았던 이유는 서구화라는 정책탓이 아니라, 처음부터 일본 문화를 밖으로 표출하고자 하는 의식이 없었기 때문이다. 또한 그러한 정보와 문화의 표출 장치가 본디부터 일본 사회의 시스템 내에 없었기 때문에 육성되지 않았다고 생각하는 쪽이 좀더 이해하기 쉬울 것이다.

세계인들과 더불어

　다마무라의 말이 생각난다. 일본은 마을 단위의 사회이므로 다른 사람과 다르게 생각하는 사람이 있다든가 관습을 모르는 사람이 있다는 것 자체를 이해하지 못한다. 더욱이 남들에게 어떻게 보여지는지 전혀 알지 못하고, 그것을 설명하는 말도 없다고 말했다.

　또 이런 이야기가 있다.

　일본 기업의 미국 현지법인에서 있었던 일이라고 한다. 일본에서 12월은 연말이기 때문에 무척 바쁘지만 미국에서는 크리스마스가 낀 휴가의 달이다. 그런데 일본 주재원은 『이렇게 바쁜데 크리스마스 휴가라니 무슨 소리야? 휴가는 연말까지 기다려』라고 말해서 현지 사원과 논쟁을 했다고 한다.

일본인 처지에서 보면 뭐가 불만인지 아무리 설명을 해도 이해할 수 없을 것이다. 이것은 현지법인을 자기 나라의 마을 정도로 생각하고 있기 때문에 일어난 일이라 하겠다.

『모두 바쁘니까 참고 함께 열심히 일하자. 휴가를 주지 않는다는 뜻이 아니지 않는가. 연말까지만 기다려라.』라고 설명했어야 하지 않았을까?

이 이야기는 다마무라가 말했던 이야기, 마을 아이가 물끄러미 손을 내밀어 축제 기부금을 모집했던 모습과 흡사한 점이 있다.

『일본은 좀더 국제화나 외국인과의 교제에 앞장서야 하며, 상대의 처지를 이해하려고 노력해야 한다. 또한 자신의 의견을 충분히 밝혀야 한다』고 강조하는 이유도 일본인의 정신문화에 그러한 발상이 없기 때문이다.

그러나 이는 『일본인에게는 그러한 표현능력이 원래부터 없었다』라고 해명한다고 해서 끝날 문제가 아니다. 지금과 같이 국제사회에 영향력을 미칠 수 있는 상황에서 일본의 처지나 의견을 확실히 표현하는 능력은 메이지유신과 같은 힘을 발휘해서라도 반드시 몸에 익히도록 해야 한다.

그러기 위해서는 다마무라의 말처럼 타인, 제3자에 대한 배려와 생각을 몸에 익혀야 할 것이다. 그렇지 않으면 일본은 계속 고립될 것이다.

소프트 비즈니스가 기간산업이 되는 날

『이 상태라면 일본은 문화 면에서의 국제경쟁에 졌다.』

사이구사는 진심으로 걱정하고 있다. 특히 멀티미디어 시대의 영상이나 음악분야에서 일본의 열세는 매우 심각한 상황이라고 한다.

『예를 들면 지금은 위성방송에서 일본의 텔레비전 제작국의 프로그램이 흐르고 있지만, 몇 년 후에는 미국의 모든 네트워크가 일본을 잠식할 것이다. 이대로 일본이 아무일도 하지 않으면, 어느 날 문득 정신을 차리고 보니 일본 사람 모두가 미국 방송을 보는 시대가 도래할 가능성이 높다.

이미 미국 영화는 일본과 프랑스에서 65%, 독일에서는 무려 90% 정도의 시장을 점유하고 있는 실정이다. 이대로 가면 세계가 미국화되어버릴 것이다. 그뿐만 아니라 모든 가치판단을 미국에 의존할 가능성조차 있는 것이다.』

그 징후는 이미 걸프전쟁 때 나타났다. 그 때 미국의 논리만으로 일본과 독일의 납세자들이 막대한 돈을 제공했다는 사실을 봐도 그 가능성은 높다.

프랑스 등은 미국으로부터의 수입을 50%로 규제했는데, 일본의 현 상황을 생각해볼 때 그런 일은 있을 수 없다.

이와 같은 실정에서 일본의 소프트웨어는 어느 정도 저항할 수 있을까? 잘 팔리는 소프트웨어를 만든다는 것이 가장 큰 문제다. 즉 문화란 소프트웨어 그 자체이므로 소프트웨어가 팔리지 않는다는 것은 문화를 수출할 수 없다는 의미이기도 하다.

그러나 일본의 정부나 관료는 이에 대한 전략이 거의 전무해서 명확한 정책조차 펼 수 없다. 사이구사의 말대로라면 무척 비관적이다.

『미국은 영상 소프트 산업이 차세대의 기간산업이 될 것으로 예상하고, 미국 국내에서도 심층적인 논쟁을 전개하고 있다. 당연히 일본도 그 경쟁에 참여해야 하는데, 우리에게는 그럴 만한 힘이 아직까지 없다. 게다가 일본에서는 소프트웨어 개발에 필요한 재능이나 인재를 기르지 않았기 때문에 소프트웨어를 개발할 수 있는 환경도 조성되어 있지 않다. 그래서 미국에서 활동하고 있는 인물 중 재능 있는 사람을 모아 일본에서 만들게 한다. 그나마 그런 권리마저도 없다면 미국에게 저항할 수 없을 것이다.』

사이구사의 위기감은 잘 알겠지만 소프트웨어의 개발은 아메리칸 드림을 구현하는 최대의 테마다. 재능이 있는 사람은 모두 점차 독립해서 기업을 일으키고 있기 때문에 아무리 일본이 돈을 댄다고 해도 일본으로 돌아올 사람이 없다. 역시 일본 스스로 하는 수밖에 없다.

나는 미국에서 여섯 권의 책을 냈기 때문에 지금은 세계 곳곳에서 강연 의뢰나 텔레비전, 라디오 출연 의뢰가 계속 들어오고 있다. 동남 아시아에서 「사상적 리더의 한 사람」이라고 불리게 된 것도 영국의 〈이코노미스트〉지가 그렇게 불렀기 때문이었다. 그러나 지금은 아시아 어디를 가도 나를 소개할 때마다 이 〈이코노미스트〉의 기사가 인용된다. 결국 아시아 사람들조차 영국이나 미국의 미디어를 통해 서로를 알게 되는 실정인 것이다. 사이구사는 계속해서 말한다.

『내가 이렇듯 소프트웨어에 매달리는 이유는 미국의 가치관으로 모든 것이 결정되어서는 안 된다라는 생각도 있지만, 그 이상으로 일본인이 존경받기 위해서는 역시 문화가 필요하다고 생각하기 때문이다. 문화, 즉 소프트웨어 육성은 물건을 파는 것에도 연관된다. 그리고 문화를 평가받음으로써 존경받게 되면 안전보장에도 연결되는 것이다.

게다가 경제적으로도 기간산업이 그러한 소프트 비즈니스로 이동해가는 흐름을 재빨리 파악하지 못한다면 차세대 산업은 적어도 다른 아시아 나라로 옮겨갈 것이다. 그렇게 되면 일본의 산업은 공동화되어 경제적으로 뒤처지게 될 것이다.』

정부는 정보화 사회에 대응한 산업구조의 전환이라고 간단히 말하고 있다. 그러나 정보화 사회의 흐름에 실제로 대응하려고 생각한다면 이것은 일본의 모든 분야, 제도에 메스를 들고 대대적인 외과수술을 단행하지 않으면 도저히 실현될 수 없는 것이다.

헤이세이 유신회는 그 실현을 위해 설립되어 구체적인 정책까지 제시했지만 생각대로 이루어지지 않았다. 정계는 말에 그치지 말고 실행에 옮기도록 노력해야 할 것이며, 관료나 재계도 지금까지의 고정관념적 사고방식에서 벗어나야 할 것이다. 그것만이 이 위기를 극복하는 길일 것이다.

여섯번째 키워드

◆

이미지 전략

광고는 시대의 변화를 비추는 거울

메이지 때부터 저널리스트 미야타케 가이고츠(宮武外骨)는 문명개화의 증언자로서 광고계를 주름잡고 있다. 광고라는 것은 성가시고 까다롭다. 그런 곳에 뛰어들어 광고를 한다는 것은 무척 고달픈 일이다. 광고를 통해 의사소통을 하기 위해서는 그 시대 사람들의 욕구나 소망, 성향 따위를 잘 잡아내야 한다. 그 결과 신문의 칼럼처럼 그 시대상황을 반영하고 강한 영향력을 행사하며 또한 힘을 가지게 된다.

－1984년 8월7일자 〈아사히신문〉

잡지 〈광고비평〉의 편집장 시마모리 미치코(島森路子)는 《광고 속의 여자들》을 썼던 당시에 신문 인터뷰에서 이렇게 답하고 있다.

칼럼니스트 야마모토 나츠히코(山本夏彦)는 『광고는 세상을 비추는 거울이다』라고 말할 뿐만 아니라, 『나는 세상 돌아가는 모습의 절반은 신문 광고를 통해 안다. … 신문만 보고 광고를 보지 않으면 세상을 절반밖에 알 수 없는 것이다』라고 한다.

그에 대한 증거로 『나는 10년 동안 영화를 보지 않았다. 보지 않고도 영화에 대해 알 수 있었던 것은 광고 덕택이었다. 그 광고는 주로 석간에 나온다. 아무리 쏟아져 나와도 요즘에는 박력이 없어 영화는 이제 사양길에 접어들었다고 광고는 말하고 있다. … 야마모토 후지코(山本富士子)의 대형 브로마이드 사진이 나오는 것은 영화가 아니라 텔레비전이다. 이로 인해 텔레비전이 이만큼의 광고를 한다는 사실을 알게 되고, 나아가서 영화의 앞날도 짐작할 수 있는 것이다』라고 쓰고 있다.

나도 업무상 광고에 적지 않은 관심과 흥미를 가지고 지켜보는 사람 가운데 하나다. 그러므로 야마모토의 「광고는 세상을 비추는 거울」이라는 말에 동감하고 있다.

예를 들면 버블경제 때는 신문 두께가 급속도로 두꺼워졌는데, 그 이유는 광고량의 증가로 인한 것이었으며 호경기임을 반증하는 현상이었다. 버블경제가 걷힌 후 이제는 또 급속하게 신문이 얇아져서 불경기를 실감할 수 있었다.

최근의 산업동향도 광고를 보면 알 수 있다. 정보화 사회의 진전은 미국의 광고를 보고 있으면 일목요연하게 파악할 수 있다. 그 경향이 일본에도 영향을 미치게 될 것이라 생각하고 있으면, 어느덧 예상대로 일본 광고에도 나타난다.

최근 통신판매 시장에서도 그 예를 엿볼 수 있다. 일본의 신문이나 텔레비전 광고량이 급속히 증가하기 시작했다. 일본 소매업의 구조가 점포 판매에서 무점포 판매로 이동했기 때문일 것이다. 그 때문에 일반 소매점은 물론 백화점, 슈퍼마켓도 그 업태를 변환하지 않을 수 없을 것이라는 예측이 나오고 있다.

또 이런 견해도 등장한다. 미국의 광고를 보고 일본에도 머잖아 등장하리라고 예측했는데, 좀처럼 나오지 않는 것이 있다. 이것은 반드시 그 나름의 이유가 있기 때문이다. 바로 일본 정부의 규제로 인한 것이다. 일본

규제의 장벽을 실감할 수 있다.

이것은 주로 국내외의 가격차를 통해 알게 되는 사실
이지만, 그 원인을 깊이 파고들면 일본에는 「생활자(소
비자)의 시점」이 결여되어 있음을 알 수 있다.

기분과 이미지를 분석한다

일본 국내뿐만 아니라 세계를 이리저리 뛰어다니고 있는 나로서는 광고를 통해 시대의 변화를 좀더 민감하게 느낄 수가 있다. 그러나 단지 광고분석이라는 기법으로 현대를 말한다거나, 장래에 대한 제언을 하고자 하는 것은 아니다.

그것은 다분히 내가 계속해서 이과계에 종사해왔기 때문인지도 모르지만, 아무래도 정량화할 수 있는 것, 확실한 증거가 되는 숫자를 제시하는 것이야말로 논리적인 설명을 가능하게 하는 것이라고 생각하기 때문이다.

그 점에서 광고는 기껏해야 광고량이나 산업별 광고

량, 총매출액에서 광고료가 차지하는 비율이라는 것으로밖에 정량화할 수 없다. 물론 이것만으로도 앞에서 야마모토가 말한 「세상을 비추는 거울」로서 광고를 상상할 수 있다.

그러나 광고의 힘이나 영향력은 기분이라든가 이미지로서 매우 정성적이며 질적인 것이다.

정성 분석(定性 分析)은 종종 독선에 빠질 위험이 있다. 나는 일본을 변화시키고자 열심히 시민운동을 전개하고 있다. 그 때문에 일본의 현 상황과 실상을 구체적인 숫자를 들어서 설명하고, 미래의 바람직한 모습을 선택하기 위한 구체적인 제언을 하고 있다. 사람들은 그때는 이해할 수 있다고 납득한다.

그런데 그것이 자주 그때 그때의 기분이나 이미지에 따라 저해된다. 아무리 해도 포착할 수 없는 「기분」, 「이미지」는 개혁이나 패러다임 변환이라는 중요한 시기에 압도적인 마이너스 요인으로서 가로막고 서 있다.

그러므로 나도 이 「기분」이나 「이미지」 또는 「패션화 현상」이라는 것을 우리의 운동전략 시야 속에 넣으려고 했다.

그럴 즈음에 시마모리를 만났다.

　시마모리의 말을 듣고 그녀가 쓴 몇 권의 저서를 보면서 그 분석기법이 그녀의 독특한 시점으로 일관되고 있는데 대해 실로 신선함을 느꼈다. 좀 설명하기 어렵지만, 이를테면 분석하는 모든 대상을 물건, 상품으로 받아들여 그것을 기준(시간)으로 잘라내어 살펴보는 방식이다.

　컴퓨터 단층촬영(computed tomography : CT)이라는 의료기기가 있다. 인간의 몸을 가로로 둥글게 잘라 병균이 있는 곳을 찾아내는 기기다. 말하자면 시마모리는 이 CT와 같은 방법으로 그 상품이 지닌 특성과 사람이 받아들일 수 있는 요소와 결함을 본다. 이와 같이 잘라낸 X선 사진을 늘어놓고 시대의 변화를 살펴보는 것이다.

　이 방법은 세계에서 일어나는 모든 현상을 대상으로 할 수 있다는 점에서 매우 효과적이다. 우리 주변의 것을 기호나 상징 또는 특정대상의 반영으로서 그 배후에 있는 의미를 읽어낸다.

　그런 면에서 〈광고비평〉의 특집은 재미있다. 예를 들어 정치현상을 볼 때 「호소카와(細川) 전 총리」를 상품으로 본다. 또는 「27세」라는 나이를 기준으로 세계를 살피기도 한다. 「도쿄대」, 「누드」 등을 시대의 상징으로 보는 경우도 있다.

기분은 탈 정치

정치에 대한 관심이 엷어지고 있다. 자민당(自民黨)이 붕괴되어 정권교체가 이루어졌던 것이 1993년이었다. 그리고 이 때 탄생한 호소카와 연립정권은 이상할 정도의 높은 지지율을 얻어 국민들로 하여금 「이제 일본의 정치도 일대전환의 국면으로 접어들었구나」 하는 기대를 품게 했다.

그러나 그 호소카와 정권도 별안간 국민복지세(國民福祉稅) 구상을 밀어붙여서 1년도 채 지나지 않아 하네다(羽田) 내각으로 교체되었다. 그런데 이번에는 정권 제1당인 사회당(社會黨)이 정권이탈을 함으로써 하네다

내각은 겨우 9주 동안 집권했었다.

그리고 이번에는 자민, 사회, 신당 사키가케(新黨さきがけ) 3당이 앞장서서 연립을 조직해 사회당 위원장인 무라야마 도미이치(村山富市)를 수반으로 하는 무라야마 연립내각을 성립시켰다. 자민당과 사회당이 연립한다는 것은, 국민들에게는 이제까지의 경위를 봐서라도 믿겨지지 않는 일로서 아연해질 수밖에 없었다.

무라야마 내각 성립 직후에 마하티르 총리를 만났을 때 그는 『9주 이후의 일본 총리는 누구입니까?』라고 짓궂게 물었었다. 호소카와 정권 전의 미야자와(宮澤) 정권을 포함하면 겨우 1년 사이에 네 번이나 총리가 바뀐 셈이다. 그리고 연립은 정당의 이념이나 정책에 관계없이 뒤섞여 있어서 심상치가 않다.

어쨌거나 더 큰 문제는 의회민주주의의 기본 규칙인 선거제도를 바꿨음에도 불구하고, 한번도 민의를 묻는 일 없이 네 번씩이나 정권 교체가 이루어졌다는 점이다.

금권 부패의 근원은 선거제도에 있다. 중선거구제에서 소선거구제(소선거구 비례대표 병립제)로 개정하고, 게다가 돈이 들지 않는 선거를 실현한다면서 국민 한 사람당 250엔의 세금을 거둬들이는 정당조성법까지

만들었다. 소선거구제가 확립되면 정당 간에 경쟁이 생기고 각 정당의 정책논쟁을 불러일으키게 된다고 한다.

만약 그 말이 정말이라면 상당히 훌륭한 것이라고 생각한다. 따라서 국민들은 빨리 총선거를 실시해 각 정당이 정책을 제시해주기를 바란다. 그러나 각 정당은 정책을 제시하기는커녕, 이합집산을 되풀이하며 정권 여당이 되는 것에 정신을 못 차리고 있다.

신생당(新生黨), 공명당(公明黨), 민사당(民社黨), 일본신당(日本新黨)은 하나가 되어 신진당(新進黨)을 결성했다. 당수는 전 자민당 총재인 가이후 도시키(海部俊樹)가 맡았으며 또 간사장은 전 자민당 간사장이었던 오자와 이치로(小澤一郎)가 맡았다. 공명당은 국정에서는 신진당이지만, 지방에서는 공명조직으로 그대로 남았다. 선거권자 입장에서 보면 기대를 갖고 공명당에 또는 민사당, 일본신당에 표를 던졌는데 어리둥절하는 사이에 신진당이 되어버린 것이다.

한편 자민당은 무슨 이유인지는 알 수 없지만 총재선거를 단행해 새로운 총재로 하시모토 류타로(橋本龍太郎)를 선출했다. 오자와와 하시모토는 과거 자민당 최대 파벌인 경세회〔經世會 : 다케시타(竹下)파〕의 동지

였다. 그런데 아이러니컬하게도 그 두 사람이 지금은 총리와 대립 정당의 당수로 맞서게 된 것이다.

이와 같은 실력자들이 있다고 해도 국회는 공전을 거듭하고 있기 때문에 기존의 정치가는 누구든 안된다는 결론을 정치가 전원이 일치해서 증명하고 있는 셈인 것이다.

사회당도 당의 이미지 전환의 일환으로 당의 이념과 정책, 나아가 당명까지 「사민당(社民黨)」으로 바꿨다. 그러나 주된 이미지는 전혀 변하지 않았다. 게다가 지명도까지 하락해 엎친 데 덮친 격이 되고 말았다.

정권을 얻자마자 그토록 반대했던 소비세에는 찬성을 하고, 자위대의 평화유지군(PKO) 파견에 대해서는 현지 사령관이 자위대 파견을 원했음에도 불구하고 사회당 총리가 직접 중동으로 건너가 파견을 수락해달라고 부탁하는 듯한 모습에 사회당 지지자들은 어리둥절하지 않을 수 없었다.

오키나와 문제에서는 사회당의 오다(太田) 지사마저 묵살해버리고 단 한번의 구원의 손길도 뻗지 않아 재판에 까지 회부되어버렸다.

이렇게 되자 어느 정당이 어떠한 이념과 정책을 가지

고 있는지 국민들은 전혀 알 길이 없다. 정당 소속의원도 자신의 당이 어떠한 이념과 정책을 가지고 있으며, 다른 당과 어떤 차이가 있는지조차 모르는 것은 아닐까?

『원래부터 정치가에게는 확고한 정치이념이나 정치신조가 없었다. 관심 있는 것은 오로지 차기 소선거구제 선거에서 당선되는 일뿐이다.』

이렇게 꾸짖은 사람은 저널리스트인 다하라 소이치로(田原総一朗)다. 그에 대한 증거로 당내에서는 선거구 싸움에 지나친 힘을 사용하고 있으며, 그 싸움에 밀리게 되면 아무렇지도 않게 탈당을 해서 다른 당에 입당한다. 개개인 정치가의 언동은 그 사람의 선거구 사정을 들여다보면 저절로 그 이유를 알 수 있을 정도다. 거기에는 정당의 정책논쟁 등은 없어진 지 오래고, 오로지 선거를 위한 정당만이 존재할 뿐이다.

이처럼 일본 국민들조차 머리를 갸우뚱할 정도의 상황이므로 다른 나라가 본다면 일본의 정치가 어떻게 돌아가고 있는지 전혀 알 수 없다고 해도 새삼스러운 일이 아니다. 정권이 변함에 따라 국민이 기대를 갖고 관심을 표명하는 것도 일순간의 환상에 지나지 않아, 지금으로서는 기대한다는 것도 어처구니없는 일이 되어버렸다.

　그러나 현재 일본의 정치 상황이 이와 같음에도 불구하고 정치가 크게 변하고 있다는 것만큼은 확실한 사실이다.

이미지시대의 정치가 상

　요즘 정계에서는 주목할 만한 새로운 세력으로서 「무당파층(無黨派層)」이 대두되고 있다.　무당파층이라는 것은 정치적 관심이나 의식은 높지만 지지 정당이 없는 계층을 가리킨다.　현재 무당파층이 점점 늘고 있기 때문에 이 계층의 지지를 획득할 수 있는지의 여부가 각 정당의 운명을 결정한다고들 말한다.

　그런데 정당이 하고 있는 일이란 고작 사반세기나 지난 전술인 탤런트 후보의 옹립이다.　각계각층을 골고루 등용한다고 좋게 말하지만, 요는 자질보다도 지명도를 이용한 표 끌어모으기 전술이라는 것을 국민 모두가 잘 알고 있는 사실이다. 정치가들이 무당파층의 정치적 관심과 의식을 도대체 어느 정도로 판단하고 있는 것인지, 그 기준이 잘못되어 있다.

애당초 이 무당파층의 증가 원인이 정치가 자신들의 언동에 있다는 사실을 모르는 것이다. 이것도 정보화가 가져다 준 영향 가운데 하나이지만, 특히 방송매체의 영향은 무척이나 크다.

일상생활에서 텔레비전 뉴스는 알게 모르게 시청자의 정치적 관심을 높였다. 더욱이 각 민영방송도 시청률 경쟁의 하나로 뉴스 프로그램에 열을 올리고 있다. 뉴스 캐스터란 것도 지금은 화려한 직업 중 하나가 되었는데, 이것도 방송매체가 만들어낸 작품이다. 전에 NHK의 뉴스 캐스터였던 이소무라 히사도쿠(磯村尙德), 현재의 구메 히로시(久米宏)의 〈뉴스 스테이션〉, 쓰쿠시 데쓰야(筑紫哲也)의 〈뉴스 23〉과 같은 프로그램은 캐스터의 매력 하나로 서투른 드라마나 오락 프로그램보다 더 높은 시청률을 올리고 있다. 〈뉴스 스테이션〉은 시청률이 평균 10%를 넘는다고 하니까 연일 천 몇백만 명이 보고 있는 셈이다. 정치적 관심사나 지식 때문이 아니더라도 시청률은 상당히 높은 셈이다.

　그런 의미에서는 구메도 쓰쿠시도 공헌한 바가 크지만, 정치가의 자질이나 능력의 정도를 국민에게 알려준다는 점에서는 뭐니뭐니해도 다하라의 공적을 빼놓을 수 없다. 〈아침까지 생방송〉에서는 5시간동안 생방송으로 각 정당의 정치가들을 모아놓고 토론하고 있으며, 〈선데이 프로젝트〉에서도 생방송으로 정당의 대표나 간부를 불러 정당 간에 토론의 장을 마련하고 있다.

　이들 프로그램에서 다하라는 정치가의 본성을 이끌어내기 위해 때로는 격분하기도 하고, 출연한 정치가가 이른바 정치적 용어로 이야기하면 『무슨 말인지 알 수 없다』고 중단시킨 뒤 좀더 구체적이고 확실한 답변을 요구한다. 시청자들은 그러한 장면 하나하나를 자세히 지켜보고 있는 셈이다.

　다하라는 이렇게 말한다.

　『사실 텔레비전이라는 것은 이야기의 내용만으로 승패가 나지 않는다. 잡지에서라면 아무리 큰 소리를 내거나 유창하게 말을 하고 말을 골라가면서 한다고 해도 지면에 나타나는 것은 같은 크기, 같은 색의 글자뿐이다. 그렇지만 텔레비전은 음량, 소리의 질, 표정, 동작 모두가 화면에 나온다. 「이야기의 내용」은 표현의 일부에 지나지 않는다. 그러므로 정치가가 예스(yes)라고 하면 활자에서는 예스라는 글이 되어 곧이곧대로 전달되지만, 영상은 모든 것이 복합된 상태로 전달되기 때문에 예스가 노(no)로 받아들여질 때도 있다.』

즉 텔레비전은 허구를 꿰뚫어 볼 수 있다는 뜻이다. 얼마 전 록히드 사건에서 TV로 방영된 증인 소환이 그것을 멋지게 증명했다.

그 화면을 보면서 「이래선 안 돼」라고 생각했는지, 당시의 자민당은 『증인 소환의 텔레비전 중계방송은 인권침해의 우려가 있다』고 주장하며, 텔레비전에는 정지화면으로 음성만 나오도록 해버렸다.

그렇지만 전문가들이 듣는다면 이 음성만으로도 그 사람의 성격에서부터 연기를 하고 있는지, 참말을 하고 있는지까지 알 수 있다고 하니 참으로 재미있는 일이 아닐 수 없다.

성악가인 시마다 유코(島田祐子)는 소리에 관해서는 정말로 달인의 경지에까지 이른 사람인데, 정치가의 목소리에 대해 독특한 견해를 가지고 있다.

『일본의 정치가 중에서 미성(美聲)이라고 하면 후나다 하지메(船田元), 아이치 가즈오(愛知知男), 그리고 고노 요에이(河野洋平)를 들 수 있다. 단, 정치가로서 바람직한 목소리인지의 여부는 별문제다. 미성은 듣기에 좋을지 몰라도 마음에 남지 않는다는 우려가 있다. 그리고 다나카 가쿠에이(田中角榮)의 목소리는 만들어내는 소리다. 본래의 소리는 다르다고 생각한다. 다만, 그의 소리는 절실하고 카리스마적이기도 하다.

다나카 마키코(田中眞紀子)도 비슷한 소리인데, 그녀는 숨이 코로 빠져나오기 때문에 목에 부담이 없다. 바꾸어 말하면 서민적인 목소리가 되어 정치가로서는 득이 되고 있다.

예를 들면 벨칸토(bel canto : 발성방법의 하나로 미성을 내는 데 치중한다)식의 소리로「여성이 이와 같이 일을 할 수 있는 것은 뒤에 훌륭한 남편이 있기 때문이다」라고 말하면 반감을 사겠지만, 그의 목소리로 말하면 서민적 이미지로 인기가 올라간다.

그리고 사키가케의 다케무라 마사요시(無村正義). 그는 거짓말을 하지 않는 사람이라는 생각이 든다. 곧잘「어험, 어험」하고 소리를 내는데, 본심이 아닌 것을 말할 때나 무언가 마음에 갈등이 있을 때 그「어험」하는 소리가 나온다.

호소카와 연립 내각이 힘들었을 때는 그 어험 하는 소리가 많이 나왔었지만, 그 후의 연립내각에서는 특유의 소리가 비교적 적어지고 말투도 부드러워졌다.』

놀라운 이야기다. 거짓과 진실의 판단기준으로서 배로 소리를 내는 사람은 신용해도 좋다고 한다. 그와 관련해서 내 목소리도 합격이라고 하니 안심이다.

과묵한 거물들

잠시 논점에서 비켜났는데, 다하라의 말에 따르면 텔레비전 생방송에 등장하는 정치가는 모두 속마음을 들켜버린다는 것이다. 그런데도 정치가들은 무엇을 오해하고 있는지 텔레비전에 빈번히 출연하고 있다.

텔레비전에 출연하는 것이 지명도를 높인다고 생각하는 그들의 자세는 탤런트 후보 옹립으로도 알 수 있다. 그런데 그것이 역으로 정치가의 지지를 잃어 무당파층의 확대에 단단히 한몫을 차지하고 있다는 사실은 모르는 듯하다.

『그뿐만이 아니다』라고 다하라는 말한다. 정치가 크

게 변하고 있는 것과 정치가가 텔레비전에 나와서 말을 하기 시작한 것 사이에는 밀접한 관련이 있다고 한다.

『즉 지금까지의 정치가는 국민을 향해 말을 한 적이 없었다. 거물급들은 말을 하지 않는다. 무엇을 말하고 있는지 알 수 없다. 언어 명료, 의미 불명료라는 것이 거물 정치가의 모습이었다. 말을 하기보다는 선거구에 다리를 놓고 도로를 만든다는 식의 이익 유도(誘導)가 정치가의 커다란 역할이었다. 자신의 선거구에 이익을 유도함으로써 표를 다져나가는 정치였기 때문에 선거에 돌입해도 단지 「부탁합니다」라고 말하기만 하면 되었다.

그런데 지금은 이러한 방식만으로는 되지 않는다. 무역 자유화를 진행시켜가야 하며 증세(增稅)도 해야 한다. 그러려면 국민을 납득시키고 설득시키지 않으면 안되게 되었다.

이제는 말을 하지 않을 수 없는 상황이 되었다. 미디어라는 것은 정치가에게는 설득의 장이라 할 수 있다. 그런데 지금까지 국민에게 제대로 말을 한 적이 없었던 정치가들이기에 텔레비전에 나와 토론한다는 것이 서투르다. 그리고 국대정치(國對政治 : 공적인 의논의 자리인 국회를 떠나서 각 정당의 국회대책위원회 관계자들이 비밀리에 모여 교섭하는 것)와 밀실정치(密室政治)로 일을 추진해왔었기 때문에 아무런 대비책도 없이 국민들 앞에 나서게 된 것이다. 정치 상황의 변화에 아무런 대응도 하지 않은 셈이다.』

공교롭게도 텔레비전 토론에서 지금까지의 정치가 밀실정치였음을 확실하게 증명한 정치가도 있었다.

『어느 날 자민당의 간사장이 출연했었다. 주제는 PKO 문제였다고 생각하는데, 이 문제는 당시 국회에서 상당한 논쟁거리였었다. 그 자리에서「간사장, 이 점은 어떻습니까?」하고 물었더니 그 간사장이「그런 중요한 문제를 이런 곳에서 어떻게 말합니까?」하고 무의식 중에 말했다.「텔레비전에서 말할 수 없다는 것이군요. 텔레비전에서 말할 수 없는 것을 뒤에서 하려고 합니까? 그러니까 정치를 밀실정치라 하는 것입니다」라고 말했더니,「그런 것은 아닙니다」라고 말하길래「자, 그럼 말씀하시지요」했더니「여기서는 말할 수 없습니다」하고 끝까지 답변을 거부했다.』

일본은 옛날부터「말의 신묘한 힘이 있는 나라(言靈の幸ふ國)」라고 해서 말이 가진 힘을 믿어왔다. 그러던

것이 언제부터인가 「따로 내세워 말을 하지 않음」, 즉 의논하지 않는 게 미덕처럼 되어 남의 말을 듣기만 하고 자신의 본심은 드러내지 않는 사람이 거물이라고 여기게 되었다.

회사의 회의에서 출석자들은 입에 거품을 물고 의논하지만, 사장은 묵묵히 앉아 다 듣고 나서는 『모두의 의견을 알았다. 이제는 내가 알아서 처리한다』고 말한다. 그리고 그 말 한마디에 회의는 끝나버리고 만다. 거물은 결코 심중을 드러내지 않는다.

이것이 일본의 전형적인 리더십이라고 할 수 있는데, 일본에만 있는 고유한 모습일 것이다.

예를 들어, 아시아로 눈을 돌리면 일찍이 호치민(胡志明)이나 저우 언라이(周恩來)라는 지도자가 있었다. 그들은 민중 속으로 들어가 이치를 설명하고 설득함으로써 민중을 자기편으로 끌어당겼다. 현재에는 마하티르 총리가 그렇게 하고 있다.

나는 해외에서의 오랜 기업 경험에 따라 논의를 자주 하는 편인데, 일본에서는 대부분의 회의가 감정론에 빠지게 되어 진정한 의논을 할 수 없다.

이 같은 일본인들의 의사소통은 국내적으로는 긍정적

요인이 될 수도 있지만, 국내를 벗어나면 그 모두가 부정적 요인으로 되어버린다. 국제사회에서는 자신의 이익을 꾀하려면 말로써 자신의 의견을 올바르게 전달해야 하며, 오히려 이기적이라고 여겨질 정도로 자신을 표현하는 것이 국제적인 규칙이기 때문이다.

일찍이 라이샤워 주일대사는 이러한 국제사회에서의 일본인의 과묵함, 애매모호한 태도를 가리켜「언어적 고립」이라고 표현하면서 일본 미래의 취약성을 지적했는데, 확실히 지금 일본은 그의 말 그대로 되고 있는 중이다.

일본이 국제사회에서 살아남기 위해서는 반드시 그러한 기술을 연마하지 않으면 안 된다. 그런데 국내에서는 그런 기회가 없다. 그렇기 때문에 나는 일본 사람이 해외에 가서 생활하는 것을 권장하고 있다. 또 그들이 귀국해서는 국제무대에서 크게 활약했으면 한다. 그렇게 되면 누가 뭐라 해도 그들은 논의하는 기술 하나만큼은 제대로 익힐 수 있을 것이 아닌가!

체념했을 때 실패한다

다하라는 오우미(近江) 상인으로 유명한 시가(滋賀)현 출신이다. 그로부터 들은 「절대 실패하지 않는 방법」을 독자들에게 특별히 소개하겠다.

오우미 상인의 집에는 「운(運)」, 「미련함(鈍)」, 「근성(根)」이라는 말이 성공의 비결로 전해져 내려온다고 한다. 또 오우미 상인들은 「운이 트인다」고 말하지 않고 「운을 개척한다」고 말한다고 한다. 이 말은, 실패라는 것은 이 세상에 없다는 뜻이다. 몇 번이고 도전하면 언젠가는 성공하게 된다. 그 도전을 포기한 그 때 비로소 실패하게 된다고 한다.

그러니까 은근과 끈기로 도전하다 보면 언젠가는 성공하기 때문에 절대 실패는 없다는 것이다. 성공을 하면 운도 좋아지고 일도 잘 풀린다. 즉 운이란 트이는 것이 아니라 자기 스스로 개척하는 것이다. 맞는 말이라고 생각한다.

또 하나, 이것은 다하라에 관한 얘기다.

다하라가 〈아침까지 생방송〉을 시작하게 된 계기는 텔레비전 아사히(テレビ 朝日) 사람이 심야 프로그램으로 재미있는 기획이 없을까 하고 물어온 것이 계기가 되었다고 한다. 심야 프로그램이니까 제작비도 적게 들고 탤런트도 초대하지 않는다. 시간은 충분하다. 그렇다면 토론이 어떠냐고 해서 시작했다는 것이다.

확실히 텔레비전 토론은 논의가 분분하면 할수록 재미있고 박력이 있다. 생방송이므로 있는 그대로를 보여준다. 그것은 좋은 기획이었고 과연 다하라라고 생각했다.

다하라가 이러한 기획을 하게 된 배경이 되는 책을 발견했다. 지금부터 20년 전에 고단샤(講談社)에서 간행된 《대토론─우리들의 전후 30년 : 도큐멘트 논스톱(dacument non stop)》이다. 이것은 일본저널리스트클럽(JJC)이 주최한 이벤트를 책으로 낸 것으로, 1975년 8월13일부터 14일까지 신주쿠(新宿) 코마극장에서 열렸다고 한다.

정치가, 평론가, 작가, 탤런트 등이 차례차례 등장해 대담도 하고 토론도 하고 노래, 언쟁 등을 하는 대단한 프로그램이었던 것 같다.

거기에 다하라도 스태프으로 참가해 기획을 담당하고 있었다.

책의 마지막 부분에는 「무엇을 하면 좋을까라는 출발」이라는 제목의 글이 쓰여 있다. 「나는 토론시간을 가능한 한 길게 잡아서 천황제에 대한 논의의 시간을 마련하고 싶었다.」

다하라는 그 때부터 제대로 된 토론의 장을 마련하고 싶었다고 했다. 다하라는 그러니까 20년 전부터 기획을 하고 있었던 셈이다. 그것은 토론이라기보다는 논쟁과 매도, 싸움이고 퇴장하는 사람도 생긴다. 다하라는 「이러한 것을 하고 싶었다」라고 쓰고 있었다. 그리고 마침내 〈아침까지 생방송〉.

그러고 보니 다하라는 오우미 상인의 피를 물려받은 셈이다.

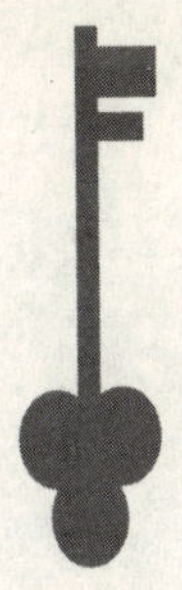

일곱번째 키워드

◆

네트워크의 힘

사람을 네트워크한다는 것

「네트워크」라는 말이 현대를 지칭하는 하나의 열쇠가 되고 있다. 인터넷과 같이 세계적인 규모로 행해지고 있는 컴퓨터 네트워크에서부터 지역사회에 미치는 풀뿌리 시민운동의 네트워크에 이르기까지 그 규모나 형태, 목적은 다양하다. 그리고 그러한 네트워크가 사회에 미치는 영향력은 해마다 고조되고 있다.

헤이세이 유신회도 일종의 네트워크 조직으로, 처음에는 풀뿌리 시민운동으로 시작했다. 지금은 각각의 지방에서 「헤이세이 유신을 실현하는 ○○○회」와 같은 자유조직으로, 또 그것들이 네트워크로 연결된 「전국협

의회」의 형태로 운영되고 있다. 나는 어디까지나 제창자일 뿐, 대표라든가 회장은 아니다. 네트워크형 조직의 특징은 피라미드형이 아니라 평평하다는 점이다.

잔마 리에코(殘間里江子)는 자신의 인적 네트워크를 활용해 직업으로 연결시키고 있다. 먼저 명함에 쓰여 있는 직함「미디어 프로듀서」라는 것에 대해 물어봤다.

『미디어 프로듀서라는 직함은 내가 자의로 붙인 것이다. 예전에 〈왕의 보수〉라는 영화가 있었는데, 그 영화의 광고 문구에「미디어 프로듀서의 공방극」이라는 부제가 붙어 있었다. 그것이 계기가 되었다. 이 미디어 프로듀서라는 것은, 예를 들면 대통령을 만들기 위한 참모와 같은 존재로서 연설 원고부터 매스컴에 대한 발언과 패션 등을 지도해준다. 미디어의 전략지도를 만드는 인물인 셈이다.

게다가 일본에서는 단순하게 프로듀서라고 하면 텔레비전이나 영화의 프로듀서로 인식되고 있다. 미디어 프로듀서라는 직함을 사용하고 있는 사람도 없기 때문에 내 마음대로 이름을 붙인 것이다. 실제 하는 일은 한 프로젝트를 맡으면 그에 필요한 전문가를 개인적인 네트워크를 통해 조직하거나 하나의 팀을 편성하는 것이다.』

그래서 생각난 것이 있다. 전에 맥킨지(McKinsey)사에 근무했을 때, 이탈리아에서 내 책이 출판되어 기자회견과 매스컴의 인터뷰 요청을 받은 적이 있었다. 그 때 매킨지는 미디어에 능통한 사람을 고용했다. 그 사람은 나에 대해 조사하고 나서 이러한 경우에는 이렇게 대응하라, 텔레비전의 경우 시청자들이 기대하는 것은 무엇무엇이다라며 나에게 여러 가지 사항을 조언해주었다. 그래서 나는 그 사람이 하라는 대로 했다. 결론적으로는 효과가 있었다. 더욱이 〈르몽드〉지와 같은 미디어에도 일본인으로서는 드물게 대우를 받았다. 그때도 현지에서 그와 같은 전문가를 고용했기 때문이다.

잔마가 말하는 것도 결국 그러한 것일 듯 싶다. 게다가 일본에서는 미디어 프로듀서를 좀처럼 찾아보기 힘들고 그러한 직종도 아직 확립되어 있지 않은 상태이기 때문에 아무도 가지 않은 길에 자신의 발자국을 남긴다는 자체로 큰일을 하고 있다고 생각한다.

『인적 네트워크을 넓히려면 먼저 앞으로 영향력을 행사할 것으로 예상되는 사람을 찾아내서 직접 만난다든지, 그 사람의 저서를 읽고 기억해두고서 늘 그 사람을 주시해야 한다. 그러니까 네트워크라고 해도 반드시 비즈니스 라인이 확실한 것은 아니다. 또 일의 평가도 주관적인 부분이 많으므로 의뢰자가 기뻐하면 성공이라는 불확실한 실감밖에 없다.』

인적 네트워크를 편성하려면 무엇보다 시대감각이 뛰어나야 한다. 세상 사람들이 무엇을 요구하는지, 어떠한 발언을 해야 지지를 받게 되는지, 이러한 동향을 민감하게 포착하지 않으면 안 된다.

잔마의 활약이 활발하게 펼쳐지고 있는 것을 보면 그러한 감각이 뛰어나다는 것을 느낄 수 있다.

정보는 공개할 때 새로운 힘이 생긴다

잔마와 이야기를 하고 나서 깊이 느낀 점이 몇 가지 있다.

그 하나는 일에 대한 그녀의 자세다. 잔마는 일을 통해 축적된 노하우를 모두 공개한다고 한다.

『노하우를 자신 속에 가둬두면 그것으로 끝난다. 정보도 그렇지만 일을 다 끝마쳤다면 될 수 있는 한 빨리 손을 떼고 자신을 비운다. 그렇게 하면 하는 수 없이 새로운 정보나 노하우를 집어넣으려고 아주 열심히 노력하게 된다. 그것이 힘이 되고 경쟁력이 되는 것이다.』

나도 컨설턴트로 활동하던 시대에 이 같은 것을 생각

하고 그것을 실행에 옮겼다. 예를 들면 상대가 가지고 있지 않은 경영기법을 이 쪽에서 보유하는 것이 컨설턴트로서의 비즈니스 기반이라고 한다면 비즈니스는 거기에 머물러버린다. 그러면 좀더 좋은 컨설턴트가 될 수 없다. 같은 수준의 노하우와 같은 정보를 가진 상태에서 좀더 뛰어난 제언을 할 수 있어야 컨설턴트로서의 진정한 가치가 있다. 자신을 연마함으로써 한층 더 힘이 솟아나도록 노력하게 된다. 잔마가 말한 대로다.

나는 10여 년 전에 《현대의 경영전략 맥킨지 시리즈》를 간행했었다. 그 결과 상담하러 오는 고객이 줄지는 않을까 걱정했었는데, 그러기는커녕 고객들 스스로가 더 수준 높은 경영을 목표로 노력을 함으로써 나도 그들로부터 많은 것을 배울 수 있게 되었다고 생각하고 있다.

게다가 지금과 같은 정보화 시대가 되어 컴퓨터로 무엇이든 알 수 있게 되면, 개인이 가지고 있는 지식의 가치가 매우 작게 느껴지게 된다. 스스로 매우 독창적인 생각이라고 여긴 것이라도 이미 인터넷을 통해 모두가 알고 있는 경우도 생긴다. 그런 의미에서 보면 이 세상이 정말로 무섭게 느껴진다.

또 하나, 잔마의 말에서 재미있었던 것은 농촌 휴양지에 관한 이야기였다. 그녀는 지금의 경향이 농촌 휴양지(전원생활)로 흐르고 있다고 말한다.

『단, 계속 농사만 지어오던 사람이 서비스에 대한 개념도 없이 밭을 만들기만 하면 된다고 생각하는 경우가 있는데, 그것은 곤란하다. 농촌 휴양지를 만든다면 농촌이 일찍이 도시를 꿈꾸어왔듯이 근대적인 시설을 갖추고, 그 다음에 전원을 연출해야 한다. 즉 도시와 통하는 전원이 아니면 도시 사람들은 이용하지 않게 된다.』

맞는 말이다.

『도시 사람들은 자연이 아무리 좋다고 해도 벌레가 기어다니는 곳은 싫어한다. 수세식 화장실도 있어야 하며 에어컨도 있어야 한다. 그리고 덧붙여 자연이나 역사가 있기를 바란다. 그것도 살아 있는 자연이나 역사가 아니면 안 되고, 명승 고적만으로는 성이 차지 않아 외면하게 된다. 또한 체험할 수 있는 뭔가가 없다면 도시 사람들은 만족하지 않는다. 예를 들면 도자기를 굽는다든가, 가볍게 산을 오르는 트레킹 코스가 있다든가, 밭에서 작물을 기를 수 있다든가 등등…. 이러한 생산적인 자연이나 역사를 요구하는 것이다.』

사이구사가 음악도 서양음악을 기본으로 해서 그 위에 일본적인 것을 표현하지 않으면 세계 무대에 나갈 수 없다 고 말했듯이, 전원생활에 대해서도 도시 생활을 기저로 하지 않으면 통용되지 않는다는 점에서 이와 일맥 상통하고 있다.

잔마 주변에는 시골 사람들이 마을에 관한 일을 상담하러 찾아온다고 한다.

『나의 책 《건강의 비밀》이라는 책에도 씌여 있지만 그러한 사람들은 농촌 사람이라는 것을 무기로 해서 부탁을 한다. 아무런 공부도 하지 않고 무작정 부탁하는 경우가 대부분이다. 그래서 정중히 거절하면 시골사람이라고 귀찮아한다고 생각하기 때문에 무척 곤란한 경우도 있다.』

지금의 도시와 농촌 사이에는 정보 격차가 없어졌다고 하는데, 개인의 정보 소화력이라는 점에서는 오히려 격차가 커지고 있는 것이 아닌가 하고 잔마는 말한다. 확실하게 다마무라에게 실제 농촌에서의 생활을 물어봐도 그런 것을 느낄 수 있다.

그건 그렇다 하더라도 잔마는 무척 정력적인 사람인 것 같다.

풀뿌리 네트워크

오타니 기코(大谷貴子). 그녀가 갑자기 만성 골수성 백혈병에 걸린 것은 대학원생이던 1986년의 일이었다. 그런데 다행스럽게도 모친으로부터 골수이식을 받아 목숨은 건질 수 있었다. 그리고 이 체험을 계기로 그녀는 「골수은행」의 네트워크 구축에 몰두하게 되었다.

지금은 일본의 골수은행제도도 「골수이식 추진재단」이라는 공공기관으로 발전했지만, 처음에는 오타니와 그녀의 담당의사, 두 사람으로 시작되었다. 그야말로 조그마한 풀뿌리운동이었다.

그 경위를 소개하면 먼저 1988년에 「나고야(名古屋)

골수헌혈희망자를 모집하는 모임」을 시작으로, 이듬해 민간이 주체가 되어 「도카이(東海)골수은행」을 발족시켜 공공기관 설립에 박차를 가했다. 「골수이식 추진재단」이 생긴 것은 3년 후인 1991년 말의 일이다. 그렇지만 미국의 네트워크나 골수은행에 등록되어 있는 회원수와 비교하면 일본은 아직도 걸음마 수준이다.

이 골수은행에 등록할 수 있는 사람은 20~50세까지로 연령 제한이 있어 유감스럽게도 나는 등록을 할 수 없었다. 그러나 조금이라도 많은 사람들이 백혈병이나 골수이식에 대해 이해할 수 있는 계기가 되었으면 하는 바람에서 그녀와 대담한 내용의 개요를 게재한다.

오마에 : 백혈병의 발병 원인은 모르지요 ?

오타니 : 그렇습니다. 백혈병은 혈액을 만드는 곳이 암에 걸리는 병이기 때문에, 다른 암의 발생원인이 아직 해명되지 않은 것과 마찬가지로 원인은 아직 모릅니다. 유전도 아니고 전염도 되지 않습니다. 어느 날 갑자기 발병합니다. 제 경우도 그랬습니다.

오마에 : 그러면 누구라도 백혈병에 걸릴 가능성이 있는 셈이군요.

오타니 : 그렇습니다. 제가 하는 일은 먼저 이 사실을 모두에게 인식시켜주는 것입니다.

오마에 : 치료방법으로는 골수이식이 가장 효과적입니까?

오타니 : 현재 어린아이인 경우는 약물 치료방법으로 치료하고 있습니다. 그러나 대부분의 백혈병은 골수이식으로밖에 치유할 수 없습니다. 제 경우도 골수이식을 하지 않았다면 지금 이렇게 살아갈 수 없었을 것입니다.

오마에 : 골수이식이라 해도 누구나 골수이식을 받을 수는 없지 않습니까?

오타니 : 그것이 문제입니다. 혈액형이라고 하면 A, B, O, AB형이 많이 알려져 있는데 이것은 혈액의 적혈구 종류이고, 또 하나 백혈구에도 종류가 있습니다. 그러나 종류가 매우 많아 500명 가운데 한 명 내지 1만 명 가운데 한 명밖에 적합하지 않습니다.

오마에 : 그러면 그 백혈구의 종류가 맞는 사람을 찾아야만 하겠군요.

오타니 : 그것이 중요합니다. 제가 백혈병에 걸렸을 당시는 적합한 사람을 개인이 스스로 찾는 방법밖에 없었

습니다. 가족이나 친척, 친구, 아는 사람들에게 부탁해서 우선 검사를 해야 합니다. 검사비용은 물론 유료입니다.

오마에 : 가족이나 친척이라고 해서 혈액형이 반드시 맞는다고는 할 수 없지 않습니까?

오타니 : 형제자매의 경우 네 명에 한 명꼴로 적합하다고 하는데, 친자(親子)인 경우는 거의 적합하지 않습니다. 부부는 원래 서로 타인이고 자녀는 그 부모의 유전자 일부를 조금씩 받아들이니까 완전히 적합한 경우는 거의 없습니다. 게다가 최근에는 자녀를 하나나 둘밖에 낳지 않아 자녀의 수가 적기 때문에, 형제자매의 확률이 4분의 1이라고 해도 좀처럼 맞지 않는 경우가 대부분입니다.

오마에 : 그런데 오타니 씨의 경우도 어머님과 일치했잖습니까?

오타니 : 정말 행운이었습니다. 아버지와 어머니는 타인이지만, 어쩌다 같은 유전자를 공유하고 있어서 그것을 제가 이어받았던 것입니다.

오마에 : 그렇다면 「골수은행」이라는 것은 골수이식이 필요한 환자에게 적합한 백혈구의 혈액형을 가지고 있는

사람을 찾아주는 기관이라고 할 수 있겠군요.

　오타니 : 그렇습니다. 먼저 백혈구형의 종류가 일치할 것. 그 때 골수이식을 하면 생명을 구할 수 있습니다. 그렇기 때문에 될 수 있는 한 많은 사람이 혈액조사를 해서 은행에 등록해주셨으면 합니다.

인간을 움직이고 지역을 움직이고 국가를 움직인다

오마에 : 등록은 어떻게 합니까?

오타니 : 가까운 일본적십자 혈액센터 내에 골수은행 등록센터가 있습니다. 먼저 그 곳으로 문의하시면 됩니다. 또 골수은행에서 운영하는 무료안내전화로 전화를 걸면 팜플렛을 받으실 수 있습니다. 그 팜플렛 안에 동봉된 우편엽서를 써서 보내주시면 가까운 검사센터를 안내해드립니다. 무료안내전화번호는 0120-37-7465입니다.

오마에 : 골수이식은 실제로 어떻게 행해지고 있습니까?

오타니 : 골수를 제공할 때에는 3박4일 정도 입원해야 합니다. 입원한다고 하면 대단한 일처럼 생각하는데, 전신마취를 하기 때문에 입원을 하는 것입니다. 실제로 골수를 취급하는 시간은 1, 2시간 정도 걸립니다. 수술을 끝마치면 집으로 돌아갈 수 있습니다. 제공해준 분들 중에는 3일 만에 하프 마라톤에 참가한 분도 계시고, 한 달후에 3종(수영, 마라톤, 사이클)경기에서 우승한 분도 계십니다. 골수라는 것은 뼈 속에 있는 혈액의 원천으로서, 액상으로 되어 있습니다. 그러므로 시술하기 쉬운 허리 뼈에 주사해서 그 골수액을 채취하는 것입니다. 보기에는 혈액과 비슷합니다. 그 골수액을 환자에게는 점적 주사(수혈이나 영양물 주사에 이용되는 정맥 주사의 한 방법)로 수여해줍니다. 수혈과 같은 요령이지요.

오마에 : 골수를 제공하는 사람은 누구에게 제공하는지 알고 있습니까?

오타니 : 그것은 모릅니다. 제공받는 사람은 누구로부터 제공받는지, 또 제공하는 사람은 누구에게 제공하는지 모르게 하는 것이 저희의 방침입니다. 어디까지나 선의로 제공하는 셈이죠. 그렇지만 제공하시는 분은 『내

골수로 누군가가 이 땅에서 살아가고 있다고 생각하는 것만으로도 기쁘다』고 말씀하십니다.

　오마에 : 그런데 백혈병에 걸린 사람은 연간 어느 정도입니까?

　오타니 : 6,000명 정도 됩니다.

　오마에 : 그러면 은행에 등록되어 있는 사람은?

　오타니 : 1996년 4월 말 현재 7만 2,000명 정돕니다.

　오마에 : 그럼 많이 부족한 셈이군요.

　오타니 : 물론 무척 부족한 편이지요. 일본의 경우 10만 명의 등록자가 있다면 90%의 환자가 도움을 받을 수 있습니다. 그 수준에 이를 수 있도록 노력하고 있습니다.

　오마에 : 미국의 등록자는 어느 정도입니까?

　오타니 : 200만 명을 넘어섰다고 합니다.

　오마에 : 대단하군요. 인구를 따져보면 일본은 등록자가 50만 명 된다 하더라도 모자랄 텐데….

　오타니 : 사실 부족한 것은 등록자만이 아닙니다. 무엇보다도 시설이 부족합니다. 이식을 하려면 무균실이 필요한데, 그러한 시설을 갖춘 병원이 적습니다. 이식을 할 수 있는 시설은 거의가 국공립병원입니다. 미국에서

는 하나의 병원에 200개의 병실이 있다고 하는데, 일본은 고작 8개의 병실이 최고 수준입니다.

오마에 : 어디에 문제가 있는 것입니까?

오타니 : 보험 수가가 낮은 것이 큰 문제입니다. 보험 수가가 낮기 때문에 사립병원에서는 좀처럼 이식을 할 수 없는 것입니다. 게다가 간호사, 의사, 무균식을 만들기 위한 영양사 등 모두가 부족합니다.

오마에 : 일본 의료제도의 결함 중 하나군요. 간호사도 가혹한 노동조건에 비해 급료가 적다든가 하는 문제점도 있지요. 다른 문제는 없습니까?

오타니 : 될 수 있는 한 많은 분에게 등록을 부탁하고 싶지만 전신 마취를 하기 때문에 등록할 수 있는 분은 20~50세까지 제한하고 있답니다.

오마에 : 그래서 저도 하고 싶었지만 할 수 없었습니다.

오타니 : 그러한 분에게는 다른 방법으로 협력을 부탁 드립니다. 예를 들면 회사에서 골수은행에 등록하고 싶어하는 아랫사람이 있으면 기꺼이 휴가를 내주셨으면 합니다. 「회사 일은 신경 쓰지 말고 사람들을 도와 주게나」 하는 마음을 가져 주셨으면 합니다.

오마에 : 실제로 골수를 제공할 수 없는 사람이라도 여러 가지로 사회에 공헌할 수 있겠군요.

조금은 골수이식, 골수은행에 대해 이해할 수 있지 않은가. 나는 오타니의 정열에 압도되었다. 담당의사와 단 두 사람이 시작했던 풀뿌리 운동이 수많은 사람을 움직이고, 지역을 움직이고, 국가를 움직인 것이다.

그러나 문제는 이제부터다. 이 골수은행이라는 의료 네트워크의 육성은, 어떤 의미에서 보면 일본이라는 나라의 「질(質)」적 문제다. 예를 들면 골수은행의 국제 네트워크를 생각해 보자. 사실 오타니는 국제 네트워크를 목표로 하고 있지만, 네트워크를 연결하는 것만으로는 의미가 없다는 사실을 독자들은 이미 잘 알고 있으리라.

우선 일본 국내의 은행 등록자 수가 늘어나 국내는 물론, 전세계의 백혈병 환자들에게 필요한 때 즉시 제공해 줄 수 있는 제도가 마련되어야 한다. 그래야만 언제든 생명을 구할 수 있게 되는 것이다.

외국의 피를 돈으로 산다는 발상은 HIV 바이러스 감염과 같은 비극을 초래할 뿐이다. 장사가 아니라 의료로 생각해야 한다. 오타니의 제안을 곰곰히 생각해보면 정말로 세계 속에서의 일본이라는 나라의 「질」을 시험하고 있다는 느낌이 든다.

일보 진전해서 그러한 네트워크 만들기의 노하우를 제공하고 필요하다면 원조해주는 것도 가능하다.

현재 적합한 등록자를 조사하는 작업은 컴퓨터를 이용해 순식간에 행해진다. 제공된 골수는 24시간 이내에 세계로 운반되어 이식할 수 있는 시대가 되었다. 세계의 백혈병 환자를 위해 일본 및 일본인이 정말로 공헌하고 있다는 평가는 일본의 이미지를 크게 변화시킬 것이다.

물론 골수은행에 국한되는 얘기는 아니다. 인류가 안고 있는 모든 질병은 세계가 공통으로 극복해나가야 할 과제이므로, 일본인이 인류에 공헌해야 하는, 하나의 커다란 명제인 것이다.

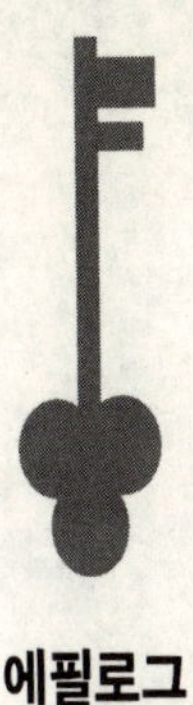

에필로그

◆

21세기를 위한 준비

정보화 시대의 자기변혁

21세기의 정보화 사회를 살아가기 위해서는 개개인이 정보 수신자이자 발신자라는 의식을 갖지 않으면 안 된다. 지금까지의 교육은 구미에 그 답안지가 있고 그것을 답습하는 형태였다. 기억 편중도, 지도 요령도 생각해 보면 시대의 요청에 따른 교묘한 일본적인 발명품이라 할 수 있다.

그러나 오늘날 네트워크 시대가 도래하면서 이러한 교육의 폐해가 별안간 심각한 문제로 제기되고 있다. 민감한 아이들은 이미 「이것은 아무래도 이상한데」라고 생각하고, 부모나 선생님의 말에 반드시 순종하지는 않는다. 이에 대해 체벌을 한다고 해도 사태는 전혀 나아지는 게 없다.

확실히 지금의 학교는 재미있지 않은 것 같다. 그렇다고 교사나 학교에서의 변화도 전혀 찾아볼 수 없다. 교사는 오랜 역사 속에서 커왔기 때문에 아무리 시대가 변했다고 해도 쉽게 그 흐름을 따라잡지 못하는 것이다.

또 부모들은 당연히「좋은 학교에 들어가야 좋은 회사에 들어간다」라고 믿고 교사에게 좀더 엄격할 것을 요구한다. 이러한 상황이 계속되는 한 아무리 학교측의 일부가 변화된다고 해도 무리일 것이다.

곧잘 닭이 먼저냐 알이 먼저냐 하는 딜레마에 빠지는 경우가 있는데『일본인은 변화되어야 한다』고 주장할 때, 그와 같은 문제에 부딪치게 된다.

네트워크 시대

『왜 좋은 회사에 근무하지 않으면 안 되는가?』 하고 물으면 『먹고 사는 데 걱정이 없기 때문에』라고 대답하는 사람이 있다. 그렇지만 그 대답도 최근 세태에는 반드시 적합하다고 할 수 없게 되었다.

요즘에는 일류 기업에 우수한 인재가 많이 모이기 때문에 사내 경쟁도 치열하다. 따라서 항상 윗사람의 눈치를 살펴야 하기 때문에 그 곳에서 자신이 납득할 만한 인생을 보낸다는 보장이 없다.

또 좋은 회사에 들어가면 좋은 신부감을 맞이할 수 있다는 말이 있는데, 과연 그럴까 하고 나는 의문을 품어

본다. 우선 이제는 신부가 시집을 온다거나 신부를 맞아들이는 시대가 아니다.

지금은 일생에서 세 번 정도는 실직을 하고, 또 재취직해야만 하는 시대다. 게다가 그 중에 한 번 정도는 스스로 사업을 해보려고 꿈을 품어보는 시대다. 그러려면 여자도 어느 정도(실직 상태에 있을 때 굶지 않게) 생활력을 가졌으면 하고 바라는 것이 요즘의 남자들 심리이다.

그렇다면 「자신의 인생」을 곰곰이 생각해볼 때 오히려 조그만 회사에 근무하면서 자신이 납득할 수 있고 하고 싶은 일을 하는 것이 행복한 인생을 보내는 것인지도 모른다. 조그마한 가게에서 일하더라도 창의성을 살린다면 얼마든지 가게를 크게 키울 수가 있다.

네트워크 시대에는 거리나 시간을 뛰어넘는 여러 가지 방법이 있다. 정말로 차별화된 고객만족 서비스를 정성껏 기울인다면 가까이에 있는 손님뿐만 아니라, 먼 곳에 손님도 서비스나 물건에 만족해서 찾아올 것이다.

또 이제부터는 전화요금도 장거리라는 개념이 없어져서 아무리 장시간을 이용해도 일정 금액을 부과하는 요금체제로 바뀔 것이다. 텔레비전도 위성방송이 본격적으로 실시되면 500개나 되는 채널이 한꺼번에 등장할 것이다. 그렇게 되면 광고료도 아주 저렴해질 것이다. 이제부터는 네트워크를 사용하면 1인 기업일지라도 많은 사람에게 자신의 존재를 알려서 기업을 경영할 수 있는 시대가 된다.

물론 혼자서는 좋은 아이디어가 나오지 않는다. 또 아이디어가 훌륭해도 실행에 옮기기 위해서는 여러 회사의 힘을 빌리지 않을 수 없다. 부분적으로는 훌륭한 아이디어지만, 충분한 검토가 이루어지지 않는 부분에 대해서는 친절하게 조언을 해줄 사람이 필요하게 된다. 즉 네트워크가 필요해질 것이다.

사고방식을 전환한다

나에게는 많은 친구가 있고, 그 한 사람 한 사람에게서 실로 많은 것을 배우고 있다. 또 그들 대부분도 나에게서 뭔가를 배운다고 한다. 이것은 매우 기쁜 일이다.

나는 경영 컨설턴트라는 일을 하고 있기 때문에, 어떤 의미에서는 사람에게 조언을 하는 것이 내 일이다. 그렇지만 좋은 조언을 하려 해도 그 사람이 처한 상태나 그 사람의 사고방식을 정확히 이해하지 못하면 엉뚱한 조언을 하게 된다. 경영뿐만이 아니라 인생에서도 마찬가지로, 「일반론(一般論)」으로 말하는 것은 위험하다.

사람에게는 제각각 삶의 방식이 있을 것이고 능력이

나 취미도 다르다. 결국 조언도 「기성복」이 아니라 「맞춤복」이어야 가치가 있다는 얘기다. 사람의 애기를 듣고 간단하게 내용을 이해해야 할 뿐만 아니라, 그것을 자신의 처지로 바꾸어 어떤 의미가 있는지, 나라면 어떻게 해야 좋을지, 이 세상을 제대로 보기 위해서는 그것을 어떻게 해석해야 하는지 등등에 대해 「생각하는 습관」을 기르는 것이 중요하다. 적어도 나는 사람의 말을 들을 때면 늘 내 자신의 관점에서 그것이 어떠한 의미를 가지고 있는지, 그 사람이 정말로 말하려고 하는 것은 무엇인지를 진지하게 생각하면서 듣는다.

어떤 의미에서 이것을 직업병이라고 말할지도 모른다. 경영자의 말을 한 마디도 빠뜨리지 않고 다 들은 뒤에, 그 의미를 생각해 회사의 문제점과 개선책, 세상과의 괴리 등을 판단한다. 이러한 일을 순식간에 하지 않으면 경영 컨설턴트를 할 수 없기 때문이다.

이러한 것을 사회 일반에 맞춰보면, 여러 가지 재미있는 사실을 배울 수 있다. 텔레비전 프로그램 〈헤이세이 대담〉에 출연한 많은 전문가와 지식인들, 사회운동가들 또한 그럴 것이다.

1995년에 《유연한 발상》이라는 제목으로 출판한, 나와 프로그램 출연진과의 대화 기록이 호평받은 것에 힘입어 또 다시 이 책을 집필했다. 프로그램 자체는 내가 도쿄 도지사 선거에 출마하게 됨으로써 중단되었지만, 1년 동안참여했던 출연자들과의 대화를 몇 번이고 생각하던 끝에 이것을 활자로 기록해두고 싶은 욕망이 강하게 일어나, 앞서의 책과 마찬가지로 이스트 프레스 편집부의 협조를 얻어 출판하게 되었다.

나로서는 출연자들과의 중요한 대화 기록이다. 이 책에 수록된 출연자들의 사고방식과 생활방식이 21세기로 통하는 여러분들의 네트워크 형성에 유용하게 활용되었으면 좋겠다.

나와 함께 이 책의 내용이나 네트워크의 필요성 등에 대해서 계속적으로 대화하고 싶은 사람들은 전자 네트워크의 「오마에 겐이치 통신」으로 들어오기 바란다. 현재 전국의 많은 사람들과 「좋은 나라 만들기」의 일환으로 전자 지방의회(니후티 서브, GO HEISEI)를 열어놓고 활발한 토론을 벌이고 있다. 문의사항이 있으면 니후티 서브 JDB 02662, 전화 0120-14-6086(9시~17시), FAX 03-3263-2430으로 연락바란다.

이 책에 등장하는 주요인물들의 약력

- 고미야 요시츠쿠(小宮 善繼) : 카테나 사장. 자동차 세일즈맨을 거쳐 1968년 컴퓨터 입력, 소프트웨어 개발, 퍼스널 컴퓨터 판매 등을 주업무로 하는 카테나 비즈니스 서비스를 설립. 1985년에 회사명을 현재의 카테나로 개칭, 1991년에는 동경증권거래소 제2부에 상장을 했다.

- 구스다 에리코(楠田 枝里子) : 사회자. 수필가. 니혼 TV 아나운서로 활동하다가 프리랜서로 활동. 소설이나 에세이, 그림책 등의 창작활동도 활발히 하고 있다. 「과학의 선교사」로 평가받고 있는 과학 에세

이가 유명하다.

- 나카지마 미네오(中嶋 嶺雄) : 도쿄 외국어대학 학장. 평론가. 1960년에 세계 경제연구소 소장. 1969년에는 외무성 특별연구원으로서 홍콩에 주재. 중국의 문화대혁명을 권력 투쟁의 대중문화운동으로 분석. 저서로《중소(中蘇) 대립과 현대》,《현대 중국론》등.

- 다마무라 도요오(玉村 豊男) : 통역, 가이드, 번역가 등을 거쳐 문필가로 활동. 여행 등을 중심으로 한 수필 외에 농업문제, 도시론, 건강문제에도 조예가 깊다. 1983년부터 농촌생활을 실천중.

- 다케무라 겐이치(竹村 健一) : 평론가. 제1회 풀브라이트 유학생으로서 예일대학, 시라큐스 대학, 소르본느 대학에서 수학. 〈영문 마이니치(每日)〉 기자, 오오테몬(追手門) 학원 대학 조교수를 거쳐 평론가로 활동.

- 다하라 소이치로(田原 総一朗) : 저널리스트. 수많은 다큐멘터리를 제작했으며, 프리 저널리스트로도 적극적인 집필활동을 하고 있다. 〈아침까지 생방송〉의 사회 등 텔레비전 프로그램에도 출연.

- 리처드 쿠 : 노무라(野村) 종합연구소 주임 연구원. 경제평론가. 뉴욕연방준비은행의 국제 조사부를 거쳐 노무라 종합연구소에 입사, 투자조사 주임 연구원이 된다. 저서《좋은 엔고, 나쁜 엔고》는 그 충격적인 내용으로 화제가 되어 베스트셀러가 되었다.

- 무라이 준(村井 純) : 게이오대학 환경정보학부 조교수. 공학 박사. 지금까지 여러 가지 일본 인터넷 프로젝트를 설립·주도해 왔다. 저서로는 베스트셀러인 《인터넷》(이와나미신서)가 있다.

- 미사와 지요지(三澤 千代治) : 미사와홈 사장. 부친이 경영하는 미사와 목재에서 근무하다가 직접 개발한 패널(널판지) 접착기술을 이용해서 조립식 주택사업에 뛰어들어 1967년 미사와홈을 설립한다. 1971

년에 사장으로 취임. 1973년에는 일본 유수의 싱크탱크(두뇌집단)인 미사와 홈 종합연구소를 설립했다.

• 사이구사 나리아키(三枝 成彰) : 작곡가. 대표작으로 오페라 〈천 가지 기억의 이야기〉 오라토리오 〈야마토 다케루〉 외에 영화음악 〈명마 오라시온〉, 〈이사〉, NHK 대하 드라마 〈태평기(太平記)〉, 〈꽃의 전쟁〉 등 다수.

• 스즈키 도시에(鈴木 敏惠) : 건축가. 요코하마(横浜) 건축연구소 교육시스템 부장. 일본의 인텔리전트 스쿨 설계의 제1인자. 「학교와 교육의 미래」에 대해서 「정보화」와 「생명이 있는 소재」를 주제로 제언 활동을 계속하고 있다.

• 시마다 유코(島田 祐子) : 성악가. 니키가이의 오페라 공연에서 소프라노 가수로 데뷔. 그 후 오페라뿐만 아니라 뮤지컬이나 팝송, 동요 등 장르를 가리지 않고 광범위한 음악 활동을 전개하고 있다.

• 시마모리 미치코(島森 路子) : 잡지 〈광고비평〉 편집
장. 고단샤에 입사해서 아동교재를 편집하다가
1988년부터 〈광고비평〉 편집장이 되었다. 범람하고
있는 광고를 만드는 측에서뿐만 아니라 아웃사이더
적인 입장에서 비평을 하는 광고 저널리스트.

• 야기 히로시(柳生 博) : 영화배우. 1961년 데뷔. 자연
애호가로도 알려져 있다. 야쯔가타케로 거처를 옮긴
이래 전원생활과 도시생활을 멋지게 양립하고 있
다.

• 오타니 기코(大谷 貴子) : 전국 골수은행 추진연락 협
의회 부회장. 1986년에 만성 골수성 백혈병에 걸렸
지만, 모친으로부터 골수이식을 받아 생명을 건졌
다. 그 체험에서「나고야 골수헌혈희망자를 모집하
는 모임」을, 이어「도카이 골수은행」을 발족시켜서
공공기관 설립에 앞장서게 되었다.「골수이식 추진
재단」의 부회장 등을 역임했다.「아사히 사회복지
상」수상.

• 와다 가즈오(和田 一夫) : 국제유통그룹 야오한 대표. 대학졸업후 야오한 상점에서 근무하다가 1962년 야오한 백화점을 설립, 적극적으로 해외 진출을 꾀하던 중에 1990년 본사를 홍콩으로 옮겼다. 1991년에 회사명을 「야오한 저팬」으로 개칭했다.

• 와카이즈미 세이조(若泉 征三) : 이마다테 자치단체장. 이마다테 시의회 의원을 거쳐 1983년 전국 최연소인 37세로 이마다테 자치단체장에 당선. 특산품인 와시를 테마로 한 이벤트를 개최하고 「이마다테 예술관」을 설립하는 등, 31세기를 맞이하는 마을 만들기를 적극적으로 추진하고 있다.

• 잔마 리에코(殘間 里江子) : 미디어 프로듀서. 시즈오카(静岡)방송 아나운서, 〈여성자신〉 기자 등을 거쳐 1980년에 기획제작회사 「캔 디드」를 설립해서 야마구치 모모에(山口百惠)의 자서전 《푸른 시대》을 제작했다. 21세기를 리드하는 인재 발굴도 하는 종합적인 미디어 프로듀서로서 활약중.

● 피터 타스카 : 드레스너 클라이언트 벤슨 증권회사 도
쿄지점 전략가. 일본을 논하는 저서가 다수 있다.

● 하마 미에(浜 美枝) : 여배우. 1960년 데뷔. 24세에
〈007은 두번 죽지 않는다〉에서 본드 걸로 발탁되어
일약 국제적인 스타가 됨. 하꼬네(箱根)에 위치한
민속주택에서 산다.

● 하시모토 야스오(橋本 保雄) : 호텔 오쿠라 부사장.
1955년에 도쿄 가미다(神田) 야마노우에호텔에 입
사. 그 후 호텔 오쿠라로 옮김. 독자적인 「서비스
학」을 펴서 호텔업계의 발전에 기여.

□ 역자 약력 □

중앙대 물리학과 졸업
동대학원에서 이학박사 학위 취득
강원대, 중앙대, 단국대 등에 출강
현재 무진미래연구원장
〈저서 및 역서〉
「눈 감으면 우주가 내 안에 있고 눈 뜨면 나는 우주 안에 있다」
「시공여행」「쿼크와 재규어」「도의학」 등 다수

•

21세기를 여는 7가지 키워드

•

지은이 / 오마에 겐이치
옮긴이 / 임승혁
펴낸이 / 김경태
펴낸곳 / 한국경제신문 출판법인 한경 BP
등록 / 제 2−315(1967. 5. 15)
제1판 1쇄 인쇄 / 1997년 6월 25일
제1판 6쇄 발행 / 1999년 11월 20일
주소 / 서울특별시 중구 중림동 441
기획출판팀 / 3604−553~6
영업마케팅팀 / 3604−595~7
FAX / 360−4599

•

* 파본이나 잘못된 책은 바꿔 드립니다.
ISBN 89−475−2216−3

•

값 6,500원

강대국의 흥망

폴 케네디 著
李日洙·全南錫·黃建 共譯
〈양장 / 628면 / 13,000원〉

역사학자이자 미국 예일대 교수인 저자는 이 책에서 지난 5세기 동안에 전개되었던 강대국들의 흥망성쇠는 그들의 경제력과 군사력의 변화 추이에 의해서 좌우되어 왔다고 진단하면서 앞으로 다가오는 21세기에는 미국·소련·서유럽 등의 쇠퇴와 중국·일본 등 아시아 강국들의 부상을 예언하고 있다. 〈뉴욕타임스 선정 최우수 도서〉

21세기 준비

폴 케네디 著
邊道殷·李日洙 譯
〈양장 / 500면 / 11,000원〉

우리에게 충격을 던졌던 「강대국의 흥망」 저자 폴 케네디 교수가 다가올 21세기 문명세계의 각종 위기를 명쾌히 분석·정리한 力著. 이 책은 향후 30년 사이 우리에게 닥칠 도전들과 그 대응방법 그리고 인구폭발, 환경오염, 생물공학, 로봇, 통신수단, 가공할 파워의 양태 등을 특유의 통찰력으로 분석·예견하고 있다.

메가트렌드 2000

존 나이스비트 외 共著
金弘基 譯
〈양장 / 444면 / 9,800원〉

90년대는 정치개혁과 경이적인 기술혁신 등으로 인류에게 지금까지와 전혀 다른 변화양상을 안겨줄 것이다. 이 책은 90년대의 변화로 경제호전, 예술의 번영, 시장사회주의의 출현, 복지국가의 쇠퇴 등, 과거 어둡고 비관적인 세기말적 변화보다는 밝고 새로운 흐름을 부각시키고 있다.

메가트렌드 아시아

존 나이스비트 著
홍 수 원 譯
〈양장 / 402면 / 9,500원〉

미래예측가로 세계적 명성을 떨치고 있는 나이스비트는 21세기에는 아시아가 미국주도의 상품과 소비시장에 가장 중요한 경쟁자로 떠오를 것으로 내다보고 현재 역동적으로 변화하는 아시아의 모습을 8가지 트렌드로 분석했다. 특히 아시아와 세계라는 맥락 속에서 한국에 나타나고 있는 폭넓은 변화들을 살펴보고 한국이 아시아에 기여할 수 있는 방안도 짚고 있다.

20세기를 움직인 思想家들

기 소르망 著
姜偉錫 譯
〈신국판 / 426면 / 8,000원〉

20세기 사상계에 결정적인 영향을 끼친 사람들은 과연 누구인가? 프랑스의 저명한 경제학자이자 사회학자인 기 소르망이 29명의 생존해 있는 현대 최고의 사상가들과 직접 인터뷰를 통해 그들 자신이 선택한 분야에 전생애를 바친 사상과 사색의 놀라운 통찰을 기록·정리한 「살아있는 도서관」.

資本主義 종말과 새 世紀

기 소르망 著
金廷銀 譯
〈양장 / 628면 / 13,000원〉

세계적인 석학인 저자는 자본주의 체제를 위협하는 것은 「도덕적 불만」과 「자본주의에 대한 몰이해」라고 주장하고 러시아·중국·독일·인도 등 20여개국의 자본주의의 현재 모습을 생생히 그리고 있다. 또한 현재의 자본주의의 위기를 극복하기 위한 구체적인 실천방안에 대해서도 통찰하고 있다. 방대한 분량인데도 르포형식이어서 전혀 지루하지 않다.

미래기업

피터 드러커 著
高柄國 譯
〈양장 / 416면 / 9,500원〉

우리 시대의 가장 뛰어난 사회·경영학자이자 미래학자인 드러커의 「변혁시대 기업생존전략 연구서!」 이 책은 세계경제가 빠르게 바뀌어 감에 따라 기업의 새로운 생존 경영전략 모델, 즉 기업이 살아남기 위한 5가지 변화조건을 예리하게 분석·고찰했다. 특히 사회·경제학 시각에서 세계경제 흐름을 통찰한 力著.

자본주의 이후의 사회

피터 드러커 著
李在奎 譯
〈양장 / 328면 / 9,000원〉

사회주의권의 급격한 몰락 이후 탈냉전 분위기가 고조되고 있는 시점에서 향후 세계 변화가 주요 관심사로 떠오르고 있다. 저자는 이 책에서 향후 세계는 자본주의적 시장구조와 기구는 그대로 존속되겠지만 주권국가의 통제력은 약화되고 전문지식을 갖춘 지식경영자 중심의 글로벌화 사회가 될 것으로 예측하고 있다.

미래의 결단

피터 드러커 著
이 재 규 譯
〈양장 / 408면 / 9,000원〉

현대 경영학의 대부, 피터 드러커는 이 책에서 「스스로를 다시 생각함으로써 회생할 수 있다」고 전제하고 기업의 5가지 치명적 실수, 가족기업을 경영하는 규칙, 대통령을 위한 6가지 규칙, 새로운 국제시장의 개발, 3가지 종류의 팀조직, 오늘날 경영자들이 필요로 하는 정보 등 바람직한 미래를 실현하기 위한 방안을 제시했다. 21세기를 위한 새롭고 시의적절한 경영지침서.

비영리단체의 경영

피터 드러커 著
현 영 하 譯
〈신국판 / 406면 / 8,000원〉

선진국에서는 학교, 자선단체 등 비영리단체의 경영혁신이 선풍을 일으키고 있다. 이 책은 필자가 교수생활을 하면서 비영리단체에서 봉사했던 경험을 바탕으로 조직관리, 예산 등 경영전반에 대한 문제점을 심도있게 분석하고 개선방안을 제시했다. 전문가들과의 대담을 통해 경영의 효율성을 높이기 위한 여러가지 방안이 눈길을 끈다.

트러스트

프랜시스 후쿠야마 著
구 승 회 譯
〈양장 / 500면 / 12,000원〉

한 나라의 경제는 규모만으로는 설명될 수 없고 문화적 요인이 중요하다. 이 문화적 요인이 사회적 자본이며 가장 중요한 덕목이 바로 신뢰다. 저자는 이 책에서 개인주의, 가족주의에 기반을 둔 저신뢰 사회의 특성을 혹독하게 비판하면서 건강한 사회가 되려면 공동체적 연대와 결속의 기술을 터득해야 하며 신뢰는 경제와 사회, 문화를 아우르는 놀라운 가치라고 강조한다.

코피티션

배리 J. 네일버프 · 아담 M. 브란덴버거 著
김 광 전 譯
〈양장 / 384면 / 9,000원〉

비즈니스 게임은 끊임없이 변하므로 전략도 당연히 변해야 한다. 경쟁(competition)과 협력(cooperation)에 관한 과거의 법칙들을 넘어서서 양자의 장점을 결합한 코피티션 전략은 기존의 비즈니스 게임을 혁신할 혁명적인 신사고다. 저자들은 게임 자체를 변화시켜서 이득을 최대화하는 방법을 보여주는 5가지 요소(전략의 PARTS)의 비즈니스 전략을 체계적으로 제시했다.

지구의 변경지대

로버트 케이플런 著
황 건 譯
〈양장 / 582면 / 12,000원〉

베일에 가려져 있던 서아프리카에서 중동을 거쳐 러시아의 외곽지대인 중앙아시아, 중국, 인도를 거쳐 캄보디아, 태국, 베트남에 이르는 대장정을 끝내고 저자가 내린 결론은 한마디로 암울하다는 것이다. 이 책은 저자가 새로운 분쟁지역으로 떠오르고 있는 지구 곳곳을 다니면서 문제점을 지적하고 혼란에 빠진 이들에게도 따뜻한 시선을 보내자고 제안하고 있다.

회사인간의 흥망

앤소니 샘슨 著
이 재 규 譯
〈양장 / 490면 / 9,800원〉

이 책은 17세기 동인도회사에서 현재의 마이크로소프트사에 이르기까지 기업의 변화과정과 직장인들의 문화변천사를 통해 회사인간이란 무엇인가를 규명했다. 생생한 인물묘사와 인터뷰, 사례를 곁들이면서 전혀 도전받을 일이 없을 듯이 보였던 「기업관료들」이 어떻게 레이더스, 모험기업가, 일본의 경쟁자들, 컴퓨터, 여자회사인간들에 의해 차례차례 공격당했는가를 밝히고 있다.

금융시장 예측

김 성 우 著
〈양장 / 452면 / 12,000원〉

주식, 금리, 상품 등의 현물시장은 물론 선물 및 옵션 등의 파생상품시장에서도 생존할 수 있는 방법을 다양하게 제시하고 있다. 20여년간 외환시장 등 다양한 시장에서 딜러, 투자가, 분석가로 활동하며 풍부한 현장경험을 가지고 있는 저자가 시장상황에 따른 기술적 지표의 요령과 심리적 동요의 극복방안을 현장사례 중심으로 상세히 설명하고 있다.

21세기 중국

박 정 동 編著
〈양장 / 362면 / 9,000원〉

덩샤오핑이 사망함에 따라 곳곳에서 그 기반이 흔들리는 조짐이 나타나고 있다. 그의 체제를 이어받은 장쩌민 체제는 안정과 성장을 지속시켜 나갈 수 있을까. 과연 중국은 어떻게 변할 것인가. 아시아의 안정과 발전을 저해하는 군사대국으로 비화할 가능성이 큰 중국의 현재와 미래를 철저히 진단한 중국탐구서.

팝 인터내셔널리즘

폴 크루그먼 著
김광전 譯
〈신국판 / 276면 / 7,000원〉

산업위축과 실업증가, 실질소득 향상의 둔화를 비롯해 소득격차의 확대, 산업시설의 유출 등 선진 경제가 지닌 문제점을 상세히 분석하고 그 원인이 개발도상국과의 교역에 있는 것이 아니라 선진국의 산업구조 변화와 기술발전에 있다고 밝히고 있다. 레스터 서로에 필적하는 20세기 최고의 40대 경제학자인 저자가 지적하는 개도국 성장 비결은 우리에게 시사하는 바가 크다.

2020년

해미시 맥레이 著
金光田 譯
〈양장 / 408면 / 9,000원〉

다양한 인종만큼이나 상이한 정치·경제체제와 독특한 문화양식을 지니고 있는 세계 각국은 저마다의 주무기를 앞세워 미래를 설계하고 있다. 경제평론가인 저자는 앞으로 국가경쟁력을 결정짓는 요인은 기술이 아니라 문화라고 강조한다. 현재 세계 각국이 처해 있는 상황을 바탕으로 치밀하게 전망한 2020년경의 세계 각국의 모습에서 우리의 진로는 어떻게 모색해야 할 것인가?

제4 물결

허먼 메이너드 2세
수전 E. 머턴스 共著
韓榮煥 譯
〈양장·4×6판 / 240면 / 5,000원〉

21세기의 범세계적 기업을 위한 낙관적 비전을 제시하고 있는 이 책은 한마디로 앨빈 토플러의 《제3물결》을 넘어 장기적 미래의 비전에 집중하고 있다. 지금 우리가 공업화를 상징하는 「제2물결」에서 탈공업화적인 「제3물결」로 전이하고 있지만, 머지 않은 곳에서 새로운 차원의 「제4물결」이 밀려오고 있다고 진단하고 있다.

株式市場 흐름 읽는 법

浦上邦雄 著
朴承源 譯
〈신국판 / 200면 / 5,500원〉

언뜻 보기에 무질서하고 예측이 불가능해 보이는 주식시장도 장기적으로 보면 특정한 네 개의 국면을 반복하고 있다는 것을 알 수 있다. 이 책은 이 네 개의 국면이 어떤 요인에 의해 순환되고 각각의 국면에서 어떤 종목이 활약하는가를 숙지할 수 있는 안목을 제시해주고 주식투자시 리스크를 피하는 방법에 대해서도 설명하고 있다.

유머人生 1～6

韓國經濟新聞社 出版部 編
〈4×6판 / 244면 / 4,500원〉

많은 독자들이 1980년 12월부터 본지에 연재되고 있는 「海外유머」를 책으로 출판했으면 어떨지, 그런 계획은 없는지 물어왔다. 이 책은 독자들의 그러한 성원에 보답하자는 취지로 출판되었으며 우스갯소리 가운데서 인생의 묘미도 느끼고 영어공부도 할 수 있게끔 어려운 단어나 語句에는 주석을 달아 독자들의 이해를 돕고자 노력했다.

성공적인 점포경영 33選

류광선 著
〈신국판 / 368면 / 9,000원〉

5,000만원 정도의 소자본으로, 심지어 무자본으로도 사업을 시작할 수 있는 아이디어를 담았다. 저자가 현장을 발로 뛰면서 바로 개업하기에 유망한 33개 업종을 선별, 입지선정부터 개업절차·경영 비법까지 최신 노하우를 총집결시켰다. 경영지침이나 사업의 성패진단법은 물론 직접 점포를 운영하는 사람들의 현장 목소리를 담아 차별화를 꾀했다.

부동산 경매를 잡아라

전 철 著
〈신국판 / 248면 / 6,500원〉

법원경매든 성업공사 공매든 경매는 이제 누구나 쉽게 배우고 참여할 수 있게 되었다. 경매물건에 대한 마음가짐을 얼마나 유연하고 객관적인 자세로 평가할 수 있느냐가 성공의 지름길이다. 이 책은 부동산 경매에 대한 전반적인 원리를 누구나 알기쉽게 배울 수 있도록 설명했다. 특히 실전사례중심으로 실패없는 부동산 경매 방법을 체계적으로 정리한 실전 가이드다.

임대주택을 잡아라

최문섭 著
〈신국판 / 230면 / 6,500원〉

최근 다양한 부동산개발 유형이 쏟아져 나오고 있지만 자신이 소유하고 있는 땅에 가장 어울리면서 수익을 많이 올릴 수 있는 방법을 찾는 것은 쉬운 일이 아니다. 이 책은 자신이 소유하고 있는 땅의 위치, 교통 여건, 주변 생활환경 등을 따져 본 후 높은 수익을 올리고 미래 발전 가능성이 있는 최적방안을 여러 사례별로 제시, 임대주택으로 투자에 성공하는 방법을 담고 있다.

일본 쪼개보기

황인영 著
〈신국판 / 336면 / 7,500원〉

일본이 거론하고 있는 독도문제나 잇따른 우익 망언에 대해 논리적이고 설득력 있게 대응해야 한다. 이 책은 일본의 본질을 이해하기 위해 한일관계의 역사적 배경을 추적하면서 그들의 독특한 문화와 사고방식, 행동양식을 105가지의 짧은 애기로 분석하고 있다. 특히 역사적으로 형성된 일본 특유의 무사도 정신과 장인정신, 직업 세습풍토의 배경과 그 실체를 벗기고 있다.

대기업을 이기는 벤처비즈니스

마키노 노보루 · 강동우 著
유세준 譯
〈신국판 / 212면 / 5,500원〉

첨단 기술력과 재빠른 정보수집력을 갖춘 모험심 강한 중소기업이 대기업보다 훨씬 더 유연하게 시장상황에 대처하고 있으며 성공해 가고 있다. 마이크로소프트, 인텔 등이 그 예다. 이 책은 재편되고 있는 경제구조 속에서 앞서 나가고 있는 일본 벤처기업들의 사례와 실리콘밸리의 성공전략을 살펴보고 틈새시장을 공략하는 요령과 아이디어, 국제적 제휴전략 등을 다루고 있다.

시간이동

스테판 레트샤픈 著
형선호 譯
〈신국판 / 380면 / 9,000원〉

사람들에게 있어서 시간은 객관적인 것이 아니라 주관적인 것이다. 이 책에서 저자는 시간에 대한 사고방식을 바꿈으로써 자신의 인생에 대한 통제를 되찾을 수 있다고 강조한다. 그 과정을 통해 우리는 인생을 최대한 즐길 수 있으며 많은 시간을 우리 자신과 가족과 함께 더 한층 고양된 삶의 의미를 느낄 수 있다. 이 책은 명상서로서 자신의 삶을 컨트롤하는 방법을 제시한다.

소명으로서의 기업

마이클 노박 著
김진현 監譯
〈신국판 / 280면 / 7,000원〉

실업과 빈곤의 해결책은 무엇일까. 마이클 노박은 종교적 윤리 기반위에 선 민간기업만이 그 해결책이 될 것이라고 명쾌하게 주장한다. 민주자본주의 하에서 신학적 · 윤리적 기초를 갖는 기업이야말로 이윤창출기관인 동시에 민주주의와 인권을 증진시키는 기관이며 사회공동체를 만드는 기관이다. 기업의 위치, 정신의 설정과 사회관계 정립에 등불이 될 내용들이 가득하다.

마음을 치유하는 79가지 지혜

레이첼 나오미 레멘 著
채선영 譯
〈신국판 / 390면 / 7,500원〉

정신분석학자로서 영혼의 연금술사로 평가받는 저자는 보다 큰 평화를 가져다주는 것은 우리가 서 있는 바로 이곳, 또 이곳에서 만나는 사람들을 있는 그대로 받아들일 수 있게 해줄 치료제, 즉 영혼을 위한 약이 필요하다는데 초점을 맞추고 있다. 저자의 따뜻한 식탁의자에 영혼이 충만한 의사와 환자, 그리고 동료들이 둘러앉아 나누는 그들의 삶은 무한한 가능성의 목소리로 들린다.

복잡계란 무엇인가

요시나가 요시마사 著
주명갑 譯
〈양장 · 4×6판 / 284면 / 7,000원〉

세계는 복잡계(Complex System)열풍에 휩싸여 있다. 『무수한 구성요소로 이루어진 한덩어리의 집단으로 각 부분의 움직임이 총화이상으로 무엇인가 독자적인 행동을 보이는 것』으로 정의되는 복잡계, 복잡계 과학은「잃어버린 세계로의 여행」이 될 것이다. 복잡계의 과학은 그 꿈을 현실화시킬지도 모른다. 21세기를 주도하게 될 최첨단 키워드, 복잡계의 모든 것을 담았다.

複雜界 경영

다사카 히로시 著
주명갑 譯
〈양장 / 224면 / 6,500원〉

복잡계 이론이 예언하는 21세기적 경영의 모든 것이 여기 있다. 복잡계는 세기말의 혼돈 속에 지식의 최첨단 이론으로 등장, 구미지역에서 폭발적인 관심을 끌고 있다. 이 이론은 세계를 몇 개의 단순한 요소로 환원할 수 없는 '부분 이상의 총화' 자기조직화의 동적 프로세스로 이해한다. 또 세계관의 근본적인 변화를 통해 탈근대시대의 새로운 경영, 경영자를 위한 경영학의 혁명을 꿈꾼다.

밀레니엄 −지난 1000년의 인류역사와 문명의 흥망−

펠리프 페르난데스-아메스토 著
허종열 譯
〈전2권 / 양장 / 560면 내외 / 각권 12,000원〉

지난 1000년을 마감하고 다음 1000년을 준비하기 위해 한 시대를 평가하기 보다는 새로운 시대를 창조하려는 의도로 문명의 운명에 대해 쓴 이 책은 유럽 중심적인 위장된 세계사가 아닌 진정한 세계사 정립을 위해 역사 이면을 자리매김하려고 노력했다. 인류역사의 주도권, 즉 민족의 힘은 태평양 주변국가에서 대서양으로 다시 태평양으로 옮아가고 있다고 주상하고 있다.

21세기를 여는 7가지 키워드

오마에 겐이치 著
임 승 혁 譯
⟨양장 · 4×6판 / 254면 / 6,500원⟩

다가오는 21세기에는 서구 선진국의 뒤만을 쫓을 수는 없다. 그들을 앞서나가기 위해서는 지금까지와는 다른 창의적인 발상, 새로운 전략, 확실한 준비가 필요하다. 21세기를 능동적으로 맞이하려는 사람들에게 띄우는 오마에 겐이치의 독특한 키워드. 1. 시간축 발상 2. 신커뮤니케이션론 3. 자유재량시간 4. 글로벌경쟁시대 5. 정보발신시스템 6. 이미지전략 7. 네트워크의 힘

김삼오 박사의 알짜배기 유학 가이드

김 삼 오 著
⟨신국판 / 264면 / 7,000원⟩

이 책은 단순하고 개략적인 유학안내서가 아니다. 유학을 궁리하거나 이미 가기로 결정한 학생, 그들의 부모가 함께 읽는다면 참신한 아이디어를 얻을 수 있다. 유학행정을 맡은 공무원, 대학 실무자, 교수들이 읽는다면 실질적인 도움을 얻을 수 있다. 왜 유학을 가야 하는가, 무엇을 배우려 하는가, 공부는 어떻게 해야 하는가, 외국과 국내 교육의 차이에 대해 알기 쉽게 설명하고 있다.

알기 쉬운 M&A와 주식투자

제 해 진 著
⟨양장 / 336면 / 10,000원⟩

M&A관련 주식투자는 위험이 높은 반면에 정확한 투자를 할 경우에는 수익도 막대해진다. 따라서 과학적 분석이 필수적이다. M&A에 조금이라도 관심있는 사람을 대상으로 기본적인 M&A이론과 유의사항을 설명하면서 국내외 사례를 통해 M&A전략과 주식시장에서의 M&A 관련 주식투자 방안을 알기 쉽게 소개하고 있다.

X파일 비망록 I, II

N. E. 가인즈 著
한 경 훈 譯
⟨크라운판 / 380면 / 7,500원⟩

X파일 TV드라마는 오락성과 더불어 정보를 제공하는 극으로서의 역할을 충분히 하고 있듯이 이 책은 그러한 정보에 깊이를 더해주는 역할을 한다. TV극에서 못다한 X파일에 등장하는 배우들의 신상을 상세히 소개하고 멀더와 스컬리 두 요원이 펼쳤던 이론을 해부하며 퀴즈게임으로 X파일에 대한 소양을 체크한다. X파일 매니아를 위한 신세대 책이다.

드래곤 스트라이크

험프리 헉슬리 · 사이먼 홀버튼 著
박 병 우 譯
⟨신국판 / 540면 / 8,500원⟩

2001년 2월, 중국은 ⟨드래곤 스트라이크⟩라는 암호명 아래 베트남 공습을 시작으로 세계 패권전쟁에 돌입한다. 치밀한 자료수집과 정밀한 분석을 기초로 집필한 이 책은 재미와 미래예측서로서의 장점을 겸비한 소설아닌 소설이다. 각국의 군비태세, 외교전, 세계 외환석유시장에서의 책략이 손에 잡힐 듯 생생하게 그려졌다. 정교하고 사실에 기초를 둔 예측을 했다는 평가를 받고 있다.

칭기즈칸 일족(전 4 권)

진 순 신 著
서 석 연 譯
⟨전 4 권 / 신국판 / 각권 7,000원⟩

전설 속에 묻혔던 칭기즈칸을 생생한 역사적 인물로 되살려 냈다. 3년여 동안 아사히 신문에 연재되어 일본열도를 열광시킨 진순신의 최신작이다. 가장 짧은 시간에 가장 넓은 영토를 차지한 칭기즈칸과 그 일족의 세계제국 건설사가 유장하게 펼쳐진다. 치열한 권력투쟁, 끊임없는 배신과 모반…… 그러나 강인한 투쟁력과 야성으로 세계경영에 성공한 칭기즈칸과 일족의 투쟁사는 위기를 맞은 우리에게 청량한 자극이 될 것이다.

안자(상 · 중 · 하)

미야기타니 마사미쓰 著
신봉승 · 김하중 譯
⟨양장 · 4×6판 / 384면 내외 / 각권 6,500원⟩

열국의 제후들이 대륙의 패권을 놓고 싸우는 춘추 시대를 배경으로 격동의 역사를 헤쳐나가는 명재상 안자의 일대기를 그리고 있다. 난세 속에서도 안자는 충(忠)과 의(義)를 지키며 정도(正道)만을 걷는다. 국가 경영의 참다운 모습, 인간관계의 원형을 보여주는 그의 독특한 철학을 통해 당시의 시대정신과 사회상을 조명한다.

창궁의 묘성(上 · 中 · 下)

아사다 지로 장편소설
이 주 영 譯
⟨신국판 / 380면 내외 / 각권 6,500원⟩

하늘보다 더 깊고 푸른 창궁(蒼穹), 그 한가운데 빛나는 숙명의 별 묘성(昴星)에 소망을 얹고 그 운명을 개척하는 청조말 풍운의 인물들의 권력과 야망을 그린 대하장편소설. 묘성을 수호성으로 태어난 가난한 말똥주이 소년 춘아는 천하의 보배를 손에 넣는다는 점쟁이의 거짓예언을 믿고 스스로 환관이 되어 천하의 여걸 서태후 자희의 측근이 되어 권력의 정점에 오른다.

20대에 사장이 되자

다나카 신스케 著
신동설 譯
〈신국판 / 280면 / 7,500원〉

지금 젊음과 패기로 무장한 20대 사장들의 창업 신드롬이 일고 있다. 현대는 정보화사회로 뉴비즈니스, 벤처비즈니스가 각광을 받는 시대이다. 이 시대는 유연한 발상, 번뜩이는 아이디어, 강한 실천력을 가진 젊은 세대가 이끌고 있다. 이 책은 20대에 사장이 되는 구체적인 성공전략이 담겨 있다. 특히 20대에 회사를 세운 40명의 다양한 성공사례를 들어 독립의 꿈을 실현하는 데 실제적인 도움이 되도록 했다.

21세기 오디세이

마이클 더투조스 著
이재규 譯
〈양장 / 496면 / 12,000원〉

20년 동안 기술 전도사, 기업가, 경영 컨설턴트로서 정보혁명을 이끌어온 마이클 더투조스는 농업혁명과 산업혁명을 밀어낼 제3의 정보혁명에 대해 보다 폭넓은 관점을 제시한다. 저자는 21세기 글로벌 정보시장의 생생한 모습을 보여 주는 한편, 그 기술적인 문제점들을 폭로하고 한편으로 해결책을 제시하여, 영감에 가득찬 미래의 청사진을 제공한다. 보디넷, 전자 코, 촉각 인터페이스의 미래를……

여성 인재파견 시스템 100% 활용하기

정용섭 著
〈신국판 / 225면 / 6,000원〉

기업은 여성인재를 찾고, 여성인재들은 일자리를 찾아 헤매는 것이 현실이다. 취업난과 고용난을 동시에 해결하는 통쾌한 해법이 바로 여기 있다. 인재파견 시스템이 바로 그것이다. 하고 싶은 일을 원하는 시간에 원하는 회사에서 마음껏 할 수 있는 파견스태프가 되는 방법이 잘 나와 있다. 이제 기업도 능숙한 외국어에 막강한 사무능력을 갖춘 여성인재를 적절히 활용할 수 있을 것이다.

BQ창업시대 – 중소기업 창업가이드

이치구 著
〈신국판 / 190면 / 6,000원〉

학교공부를 잘 한다고 사업을 잘 하는 것은 결코 아니다. 지능지수(IQ)가 높다고 사업능력이 뛰어난 것은 더욱 아니다. 사업재능은 지능지수와는 다른 또 다른 능력, 바로 실천능력을 갖춰야 한다. 믿음과 목표의식이 따라줘야 한다. 그렇다면 이 사업능력을 평가하는 방법이 없을까. 사업을 하려는 사람은 비즈니스 IQ, 즉 사업지수(Business Quotient : BQ)가 좋아야 한다. BQ 항목에 세 가지만 해당되면 사표를 써도 좋다!

신을 거역한 사람들

피터 번스타인 著
안진환 외 譯
〈양장 / 540면 / 12,000원〉

세계적인 경영 컨설턴트인 저자가 리스크의 역사와 발전과정을 담았다. 탁월한 통찰력으로 현재의 시점에서 미래를 다루는 방법을 밝혀낸 여러 사상가들의 이야기가 담겨 있다. 리스크를 이해하고 측정하며 그 결과를 가늠하는 방법은 주목받을 만하고, 그리스시대부터 현재까지 인류의 다양한 위기의 순간들과 이를 헤쳐나가는 과정을 역사와 철학, 경제학 관점에서 돌아본다. 투자나 선택이 일상인 경영자들을 위한 책이다.

기업 최후의 전쟁 M&A

정규재 著
〈양장 / 518면 / 12,000원〉

이 책은 국내시장에서 치열하게 전개됐던 실제 기업전쟁을 실감 있게 그리고 있다. 이들 전쟁은 기업지배권의 탈취나 내분의 형태로, 외부의 공격자들과 기존 소유자들 사이에서 벌어진 것이다. 한국 대표기업 간 M&A의 실상과 이면사를 상세히 분석한 이 책은 때마침 한국기업의 위기와 금융산업 개편에 대한 논란이 진행 중이어서 특히 눈길을 끈다. 기업 M&A 이면사가 한 편의 소설처럼 박진감 있게 펼쳐진다.

월가 천재소년의 100가지 투자법칙

맷 세토 著
형선호 譯
〈신국판 / 344면 / 8,500원〉

10대 천재소년 맷 세토가 세운 뮤추얼 펀드의 연간 수익률은 단연 압도적이다. 이 소년은 〈월 스트리트 저널〉의 표지인물로 등장한 바 있으며, 전세계 투자자들이 조언을 듣기 위해 애쓴다. 17세에 억대 부자가 된 맷 세토가 100가지의 성공적인 주식투자 비법을 소개한다. 신선하고 반짝이는 그의 투자전략은 초보자들도 아주 쉽게 이해할 수 있으며 폭락과 반전을 거듭하는 우리 주식시장에서 성공을 보장할 것이다.

〈개정판〉
알기 쉽게 풀어쓴 새노동법 해설

윤욱현 著
〈신국판 / 588면 / 13,000원〉

1997년 3월 노동법이 전면 개정되었다. 개정 노동법은 개별적 노동관계법의 대명사인 근로기준법상의 변형근로시간제, 정리해고제 등을 도입하고 집단적 노동관계법에서 금지됐던 복수노조, 제3자개입, 정치활동 등을 허용했다. 이 책은 저자가 현장에서 직접 느끼고 체험한 노사간의 문제점들을 살펴보고 개정 노동법 전반을 알기 쉽게 해설한 책이다. 해당 법의 예시, 판례, 행정해석을 풍부히 들어 이해를 돕고 있다.

추락하는 일본경제

이 봉 구 著
〈신국판 / 364면 / 8,500원〉

일본이 미래에 대한 자신감을 잃고 있다. 일본경제는 물가, 부동산, 주가 등이 동반하락하는 디플레이션 현상까지 나타나는 대변혁기를 맞고 있다. 개인이나 기업의 자산이 줄고 경제성장률도 제자리걸음을 면치 못하는 사면초가의 상황에서 일본은 초조하다. 저자는 90년대 초 한국과 80년대 말 일본을 비교하면서, 일본경제의 위기와 이를 헤쳐나가려는 일본기업의 몸부림을 타산지석으로 삼으라고 제언한다.

트랜스포메이션 경영

―IMF시대의 기업생존전략―

이성용(Sunny Yi) 著
〈신국판 / 352면 / 9,500원〉

한국 유수의 기업들도 트랜스포메이션을 알고 있으며, 트랜스포메이션을 했다고 주장하는 기업도 있다. 그러나 제대로 된 트랜스포메이션을 수행한 기업은 거의 없다. 이 책은 트랜스포메이션의 필요성, 그 방법과 대상, 수행도구, 외부의 적절한 도움에 대한 정보를 망라했다. 전문용어를 극도로 자제하면서 기업경영뿐 아니라 한국경제가 나아갈 길, 제대로 된 트랜스포메이션의 방법을 요령 있게 제시했다.

열린 세계와 문명창조

기 소르망 著
박 선 譯
〈양장 / 428면 / 13,000원〉

기 소르망은 서로 다른 문화가 충돌하는 유럽, 러시아, 중국, 일본, 아프리카, 라틴아메리카의 국경으로 우리를 이끈다. 이 책은 서양인의 독백이나 나르시시즘이 아니라 바로 한반도에 대한 진단이며 치료제가 될 수 있다. 통독 이후의 문제, 북한의 실상(본문의 「아홉번째 여행」 참조)과 우리의 미래, 미국화로 상징되는 맥몽드(McMonde)의 악몽 속에서 나름대로의 대응법을 찾을 수 있기 때문이다.

신창조론

이 면 우 著
〈신국판 / 312면 / 8,000원〉

미증유의 경제위기를 맞은 한국, 한국인, 한국기업은 어디로 가야 하는가? IMF는 변화를 모르는 기업전통, 말만 많은 우매한 현자들의 득세, 재벌의 출혈경쟁, 모방으로 날새는 제조업, 부서 이기주의에 찌든 얼무절차 등 우리의 불치병을 진단하고, 국가비전, 중소기업 활성화 등 21세기 한국, 한국인의 방향을 완벽 치료하고 있다.

편집광만이 살아남는다

앤드류 그로브 著
유 영 수 譯
〈양장 / 270면 / 10,000원〉

과거와 현재의 성공에 안주하는 순간 미래의 생존근거를 잃게 된다. 경쟁에서 이겨나가는 키워드 "편집광"을 주목하라. 지루함을 모르는 직장, 도전정신으로 꽉찬 편집광 직원들, 그리고 인텔에 대한 진솔한 이야기가 담겨 있다. 예리한 판단력과 관찰력을 겸비한 그로브는 첨단산업을 경영하는데 필요한 「전략적 변곡점」을 정립·설명하고 있다.

호메로스와 테레비

데이비드 덴비 著
황 건 譯
〈양장 / 556면 / 13,000원〉

호메로스, 플라톤, 니체, 단테, 루소, 버지니아 울프까지 내노라 하는 세계적 문학·철학자들의 대표적 저서와 중요 사상을 입문서로 집필했다. 이 책은 미디어시대의 혼란속에서 삶의 지표를 찾아가는 방편으로, 독서의 순수한 즐거움을 더해주는 지적인 가이드 형식으로 구성되었다. 특히 교양쌓기에 여념이 없는 학생들도 고전을 친근하게 접할 수 있게 구성, 대학생은 물론 논술시험에도 최적이다.

진짜 장사꾼만이 살아남는다

나카지마 다카시 著
이 선 희 譯
〈신국판 / 236면 / 7,500원〉

너나 할 것 없이 불경기 속에서도 왜 다른 상점은 잘 굴러갈까? 기발한 판매전략으로 불황을 극복해가는 기업, 손님들이 언제나 북적대는 점포, 그들의 숨겨진 비밀은 무엇인가? 이 책은 IMF시대에 살아남을 수 있는 길은 오직 상품판매뿐임을 강조하고, 에스키모에게도 냉장고를 파는 판매비법 100가지를 소개했다.

실록 외환대란

이 사람들 정말 큰일내겠군

〈신국판 / 396면 / 9,500원〉

아시아 통화경제위기와 한국경제의 위기, 그 연쇄반응은 불가피해야만 했던가? 이 책은 외환위기가 우리를 덮쳐오는 가장 긴박한 순간을 현장에서 직접 지켜본 특별취재팀이 가감없이 쓴 글이다. 어떻게 외환위기를 맞았는지, 그 책임은 누구에게 있는지, 무엇이 잘못되었는지, 밝혀지지 않은 권력의 심장부와 우리의 치부를 낱낱이 공개한 경제청문회 보고서이다. 전국민을 도탄에 빠뜨린 외환대란의 실체와 진실 최초공개.